艺 术 体 育

高校学术研究论著丛刊

大学生体质健康的多维监控与运动健身指导

王海 著

中国书籍出版社
China Book Press

图书在版编目(CIP)数据

大学生体质健康的多维监控与运动健身指导/王海著.—北京:中国书籍出版社,2019.11
ISBN 978-7-5068-7564-6

Ⅰ.①大… Ⅱ.①王… Ⅲ.①大学生—身体素质—健康教育 Ⅳ.①G807.4

中国版本图书馆 CIP 数据核字(2019)第 276243 号

大学生体质健康的多维监控与运动健身指导

王　海　著

丛书策划　谭　鹏　武　斌
责任编辑　尹　浩
责任印制　孙马飞　马　芝
封面设计　东方美迪
出版发行　中国书籍出版社
地　　址　北京市丰台区三路居路 97 号(邮编:100073)
电　　话　(010)52257143(总编室)　(010)52257140(发行部)
电子邮箱　eo@chinabp.com.cn
经　　销　全国新华书店
印　　刷　三河市铭浩彩色印装有限公司
开　　本　710 毫米×1000 毫米　1/16
印　　张　16.5
字　　数　214 千字
版　　次　2020 年 7 月第 1 版　2020 年 7 月第 1 次印刷
书　　号　ISBN 978-7-5068-7564-6
定　　价　82.00 元

目　录

第一章 大学生体质健康现状与影响因素分析

作为国家培养的高级人才和未来社会的中坚力量,大学生对促进社会发展进步及国家繁荣富强起到非常重要的作用。但当前我国大学生的体质健康现状却不是很乐观,大学生体质水平整体较低,不符合现代化人才的培养要求,也制约了大学生为国家和社会作贡献。要改变这一现状,就要详细了解大学生的体质情况,全面分析影响大学生体质健康的相关因素,从而制订更科学有效的方案来实施干预,提高大学生的体质健康水平。本章在阐述体质健康基本知识的基础上,调查、分析了我国大学生的体质现状,并对大学生体质健康的影响因素进行了研究。

第一节 体质健康的基本知识

一、体质基本知识

(一)体质的概念

体育领域十分关注对"体质"的研究,并在健康问题研究中将此作为一个独特的视角。在人类所拥有的各种属性中,体质和健康居于基础地位,这两个基础属性均会受到人类先天遗传因素和后天生存环境因素的影响。

下面主要从人类学、医学、体育学三个视角来解释体质。

1. 人类学视角

人类学中有大量关于人类体质的研究，如对人类身体形态结构的研究；对人体新陈代谢的研究；对不同体质特征的研究；对体质遗传与变异的研究；对影响人类体质的因素的研究等。目前，人类学领域对体质概念的界定还未达成统一。

2. 医学视角

我国医学领域的学者认为，个体一切生物学特征的总和就是体质。而早期一般将体质理解为形体与质地、身体素质与气质。

3. 体育学视角

关于体质概念的界定，体育学领域在这方面有一定的权威性。体育学科中将体质定义为人体的质量，它是在遗传性和获得性基础上表现出来的人体形态结构、生理功能和心理因素的综合的、相对稳定的特征。①

总体来说，体质的概念具有综合性，体质由诸多因素构成，不同的构成因素分属不同的层级，体质的结构如图 1-1 所示。

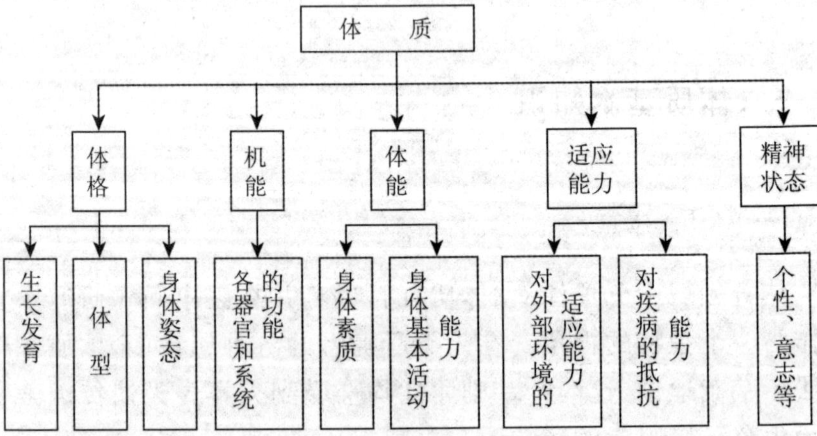

图 1-1

① 王鹏．大学生体质之研究[M]．哈尔滨：东北林业大学出版社，2007．

(二)体质的范畴

体质的范畴主要涉及以下几个方面。

1. 身体形态

身体形态主要指的是体格、体型和身体姿态等。身体形态发育水平的常见测试指标见表 1-1。

表 1-1　身体形态发育水平的常见测试指标

测试指标	指标意义
身高	反映人体骨骼生长发育和人体纵向高度
体重	反映人体横向生长特点
体重指数	反映身体胖瘦与充实度
胸围	表示胸廓大小和肌肉发育状况
腰围	反映体型特点
皮褶厚度	反映人体营养状况

2. 生理功能

生理功能主要指人体器官功能、系统功能以及机体新陈代谢水平。测试人体生理功能水平的常见指标见表 1-2。

表 1-2　生理功能水平的常见测试指标

测试指标	指标意义
心率(脉搏)	反映心血管功能
血压	反映心血管功能
肺活量	反映肺的容积和扩张能力

3. 身体素质和运动能力

身体素质主要包括力量素质、速度素质、耐力素质、柔韧素质和灵敏素质。运动能力主要包括走的能力、跑的能力、跳的能力、投的能力、攀爬的能力等。

对不同的身体素质与运动能力水平进行测试，需采用不同的指标与测试方法，如通过立定跳远测试力量素质，通过 50 米跑测试速度素质等。

4. 适应能力

适应能力指的是人体在适应环境中所表现出来的机能能力，既包括人体对内环境的适应能力，也包括人体对外环境的适应能力，同时也指人体抵抗疾病的能力。

5. 心理发育

人的心理发育水平主要从其感知能力、个性特征、意志品质等方面体现出来。

体质的范畴主要包括以上五个方面，它们之间存在着密切的联系，既相互依存，也相互制约，人的体质特征及体质水平主要由以上几个方面及其相互关系所决定。

下面简要分析以上几个方面的相互关系。

首先，身体形态和生理功能是体质的基础，身体素质和运动能力、适应能力及心理发育是体质的外在表现。

其次，某种身体素质、运动能力及某方面的心理发育情况能够从身体形态结构和生理功能中表现出来。

再次，身体素质与运动能力有与之相对应的身体形态和生理功能，它们会随着身体素质和运动能力的提高而发生相应的变化，从而更好地适应外在环境。

最后，身体素质和运动能力的提高也会影响人的心理发育，促进个体个性的完善。

二、健康基本知识

（一）健康新概念

在人类生命史上，健康始终都是一个深受人们高度关注与重视的话题。健康是所有人都追求的目标，人们习惯上将健康与幸福联系起来，而且在评价社会进步中，也常常将人民群众的健康水平作为一项重要指标。人们虽然经常将健康挂在嘴边，但很少有人知道什么是真正的健康。

健康与疾病是两个对立统一的生命活动现象。健康这个概念具有动态性，不同历史时期人类的健康水平受该时期社会生产力水平、科技水平以及文化与观念的影响。人类对健康的认识是一个循序渐进和不断提升与完善的过程，在这个认识过程中主要受到社会发展、科技进步、观念更新等多方面的影响。

很多人都认为身体没有疾病（机体形态结构、功能代谢的紊乱）就是健康，这是生物医学模式影响下人们对健康的片面认识。随着生物—心理—社会医学模式的形成，人们逐渐意识到，由自然疫源所致的传染病已经不是威胁人类健康的主要因素了，肿瘤、心脑血管病、老年病等慢性病成为威胁人类生命的主要因素，而这些慢性病与社会因素和人类的生活方式、行为习惯及心理状况等有着密切的关系。还有人认为，健康不仅指没有疾病，同时还指没有受伤、残疾，这也是对健康的片面认识。

真正的健康的内涵是多层面的，世界卫生组织指出：健康不仅是没有疾病或病痛，而且是一种身体上、心理上和社会适应能力上的良好状态。① 从这个定义来看，健康包括躯体健康、心理健康及对社会的良好适应性三个方面。只有同时满足这三个条件，并保持这三者之间的相对平衡，才能称得上是真正的健康。身体健康、心理健康及社会适应能力良好这三个方面应该是和谐统一的。

在上述健康概念的基础上，世界卫生组织提出将“道德健康”列入健康概念的范畴中，主张个体树立良好的道德观。一个真正健康的人应该同时满足躯体健康、心理健康、社会适应能力良好和道德健康四个方面的条件，这是对健康比较全面的阐释与

① 毛亚杰．大学生健康教育[M]．北京：北京理工大学出版社，2014.

理解。

也有学者在健康概念的基础上提出了“完全健康”，如图1-2所示，完全健康是健康新概念的拓展与延伸，其所包含的要素更加多元，内涵更加丰富。

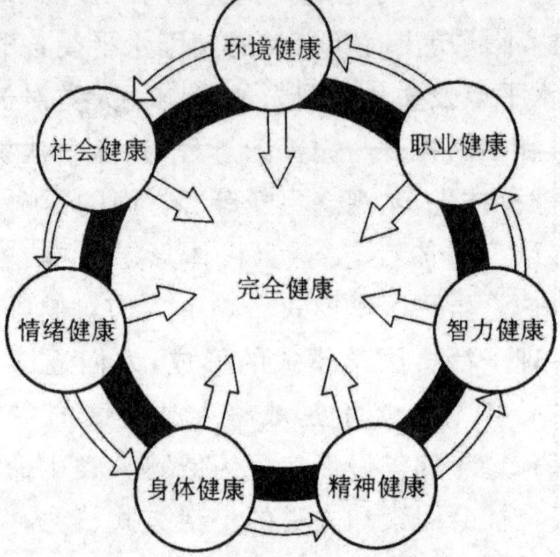

图 1-2

每个人都是具有整体性的独立个体，每个个体都与自然环境、社会环境存在着千丝万缕的联系，而且人必须与内在环境和外在环境保持协调统一，这些都是健康新概念所揭示的内涵及强调的重点。人与环境保持协调统一需要一个过程，在这个过程中，人是居于主动地位的，人类要正确而全面地认识自然环境与社会环境，学会与自然、社会和谐相处，学会适应自然和社会环境，并通过良好的生活方式与健康的行为习惯来达到自身与环境的和谐统一，这是人们实现健康的基础。随着人们对健康的认识的不断深入，人们逐渐从以往被动治疗疾病转变为提早主动预测与预防疾病，而且在疾病预测中，预测指标也有了扩展，不再局限于单纯的生物指标，也将心理指标、社会指标考虑在内。此外，随着社会健康意识的总体提升，在健康评价方面，从个体健康评价逐渐向群体健康评价、社会健康评价过渡，而且在健康评价中对人的自然属性、社会属性进行全面考虑。总之，健康新概念不仅重视健康对人的意义，同时也强调人对健康的作用，体现出人类与健康的多因多果关系，深入认识人类与健康的关系，将有助于进一步更新与完善健康的内涵。

健康新概念指出躯体健康并不是人类追求健康的最终目的，或者说人们不能将躯体健康作为生活的最终目的，躯体健康只是人们追求更丰富、更高尚的生命的必要条件。也就是说，人类生命质量的提高是建立在健康这个基础之上的。维持生存和延长寿命是健康的基本价值，健康更深层次的价值表现为使生命的社会价值得到提升。个体只有拥有健康的身体，才能以饱满的精神状态投身于事业中，从而一步步向理想和目标靠近；一个家庭中只有所有成员都是健康的，家庭才是幸福安乐的；一个企业中只有每个工作人员都身心健康，该企业才有发展的可能；社会的进步和国家的繁荣富强都要依赖于整个社会群体和人民群众的健康。

（二）身心健康的标准

1. 生理健康的标准

生理健康的主要表现是生长发育正常、体重合理、身材匀称、体魄健壮、体内代谢稳定、反应灵敏、动作协调、对外界环境的适应能力较强、能抵抗一般疾病、没有躯体疾病等。

2. 心理健康的标准

心理健康主要从知、情、意、行几个方面体现出来，具体表现为智力发育正常、情绪稳定而快乐、情感高尚、意志坚强、性格良好及人际关系和谐等。具备以上这些条件的人往往充满活力，身心潜能可以得到充分发挥。对心理健康的评价要比对躯体健康的评价更复杂，在躯体健康评价中，心率、血压等评价指标的界限是明显的，而心理健康评价指标的界限是相对的，很难找到绝对标准。下面,从大学生的年龄、心理和社会角色等个体特征出发来分析大学生的心理健康标准。

(1)智力正常

对于大学生来说,智力正常是其学习与生活的必备条件,这能够从心理上保证大学生顺利完成学习任务、适应周围环境。所以,在大学生心理健康评价中,智力正常是第一评价指标。判断大学生智力是否正常、是否得到充分发挥的标准有以下几条。

第一,求知欲强烈、探索兴趣浓厚。

第二,智力结构中各要素积极参与认识活动和实践活动,正常发挥作用。

第三,乐于学习。

(2)认识、接纳自我

认识自我指的是要对自己有客观且全面的认识,大学生认识自己的途径主要是参加各种实践活动,并与他人和现实环境进行互动。大学生应从客观实际出发认识自己,要有“自知之明”。接纳自我就是要接纳接近现实的那个自己,接纳既有优点又有缺陷的那个自己,大学生要清楚自己的优缺点,对于自己的优点,可以自豪,但不能骄傲,对于自己的缺点,既不能回避,也不能放弃自己。

(3)行为符合社会角色

社会上每个角色都有自己应该遵守的规范与要求,个体要知道自己的社会角色(身份)是什么,应该遵守什么规范与要求,并根据相应的规范与要求来约束自己的行为,这是心理健康的重要表现。每个人的社会角色不是固定不变的,在不同的实践活动或场合中可能会担任不同的角色,角色不同,要遵守的规范与要求也不同,但不管怎样,行为都要符合当时的“身份”。

(4)接受现实,适应环境

对很多人来说,在新的环境中都会面临理想与现实之间的落差,只是落差的程度不同,心理健康的人往往可以比较快地接受这个落差,也就是接受现实,并较快适应新环境。心理健康的人有一个普遍的特征,即适应能力较强,能对自身与周围现实环境的关系进行有效处理。若处理不好这一关系，则容易造成心理障碍。心理健康的大学生能与社会环境保持良性互动，能比较清晰地认识社会现状，能随着时代的进步而更新观念，且行为符合社会要求。

(5)心理行为符合年龄特征

不同年龄阶段的人会有不同的心理行为表现，在各个年龄段都能表现出与年龄特征相符的认知、情感及言行举止，则是心理健康的表现。精力充沛、喜欢探索、勤学好问、反应敏捷等是符合大学生年龄特征的心理行为，大学生能做到这几点，说明其心理健康。相反，心理不健康的大学生其心理行为往往与年龄特征不符，如表现为过于幼稚、过于老成、过于依赖等。

(6)情绪调节能力较强

人的一生中难免会遇到各种各样的挫折，也就是个体需要得不到满足或不能完全满足，此时，心理健康的人与心理不健康的人会有不同的反应。前者会合理运用自我防御的方法去消除因自身需要没有得到满足而产生的紧张情绪，表现出良好的抗挫折能力；后者会因需要得不到满足而表现出焦虑、烦躁不安等不良情绪。

(7)人际关系和谐

每个人都是相对独立的社会个体，同时也都处于一定的社会关系中，不可避免地会与社会上的其他人打交道，大学生同样如此。大学生心理是否健康，有一个非常重要的评价标准，即人际关系是否和谐。大学生获得与维持心理健康都离不开和谐的人际关系。

大学生想要做到人际关系和谐，具体可以从以下几方面出发。

第一，乐于交往，交往动机端正，人际关系广泛而稳定，而且有志同道合的真朋友。

第二，在人际交往中宽以待人、乐于助人，而且能保持独立人格，不卑不亢。

第三，能客观进行自我评价，也能客观评价他人，善于取长补短。

(8)人格健全

个人的所想、所说和所做保持协调一致,这就是健全的人格,人格健全是心理健康的重要条件之一。

人格健全的判断标准主要有以下两条:

第一,人格的各组织要素完整统一。

第二,自我意识正确、清晰,没有自我矛盾。

(三)亚健康

现代研究认为,健康与疾病不是非此即彼的关系,二者之间还存在一些过渡状态,也就是既不是疾病也不是健康的状态。亚健康就是其中一种过渡状态。

1. 亚健康的含义

亚健康状态指的是机体虽然没有明显的疾病,但出现机体活力降低、适应能力减退等现象的一种生理状态。这种状态最明显的特征就是机体各系统的生理功能减弱,代谢水平下降。亚健康患者的常见症状有疲乏、头痛、烦躁、胸闷、食欲下降、失眠等,医学检查结果为阴性。现代社会上有很多亚健康患者,他们都或多或少地存在上述症状。虽然亚健康不是疾病,但很多疾病都是由亚健康状态发展而来的,所以要对亚健康状态给予高度重视。医学调查表明,亚健康患者的年龄主要集中在20—45岁,从性别上来看,以女性居多。体虚困乏、注意力不易集中、容易疲劳、睡眠质量差等是亚健康患者普遍存在的问题,更有比较严重的患者都无法正常生活和工作。

2. 亚健康的表现

下面从身体、心理、社会适应以及道德四个方面来分析亚健康的具体表现。

(1)身体亚健康的表现

亚健康首先从身体上表现出来,常见症状见表1-3。

表 1-3　身体亚健康症状

表现方面	症状
神经系统	血管性头痛（强烈的慢性头痛，表现为头昏或眩晕，全身无力，记忆力差）； 肌紧张性头痛（全头部或额部、颞部、枕部的慢性持续性胀痛、钝痛、压迫感）
消化系统	食欲减退； 腹泻、腹胀； 便秘等
心血管系统	胸闷气短； 胸痛； 心律失常、心悸等
泌尿生殖系统	性欲减退，性功能低下； 月经紊乱、痛经； 尿频、尿急等
骨关节	腰酸背痛； 关节不适等
睡眠	入睡困难； 易醒； 多梦等

（2）心理亚健康的表现

焦虑是心理亚健康最常见的一种表现，具体表现为烦躁、紧张、恐慌、易怒，伴有失眠、噩梦、肌肉紧张、心率增快、尿频、腹泻等症状。

抑郁也是心理亚健康的常见表现之一，具体表现为悲观、冷漠、自责，伴有失眠、记忆力下降、食欲减退、缺乏活力等症状，严重者甚至有轻生的想法。

除焦虑和抑郁外，心理亚健康的常见表现还有嫉妒、多疑、神经质等。这些种种表现都会对人们的正常生活、工作效率、社会适应能力、人际关系等产生负面影响，从而导致人们生活质量下降，生命价值降低。

(3)社会适应亚健康的表现

有些人因为自身心理发育不良或从小没有受到好的家庭教育，所以离开家庭、步入社会后，适应社会环境的过程不太顺利，缺乏良好的独立生活能力，对各种人际关系也处理不好，从而使信息交流受阻，对生活与工作造成影响，这会引起压抑、苦闷的情绪与不良心理。社会适应的过程贯穿人的一生，成年人同样要重视社会适应，如换了工作后，面对新的工作环境要尽快适应；结婚生子后有了新的角色，要适应家庭环境的变化；老年退休后，要积极调整生活方式，适应退休生活。

社会适应亚健康状态对人们的学习、生活及身心健康都会产生不利的影响，会引发不同程度的心理问题，如孤僻、压抑、自卑、意志薄弱、毫无斗志等。社会适应能力差的人往往处理不好人际关系，不易融入群体，常常自怨自艾、脱离组织，这就有可能诱发体力下降、精神涣散、食欲不振、失眠多梦等不良症状。

(4)道德亚健康的表现

道德亚健康主要表现为个人的世界观、价值观存在对自身和社会不利的偏差。在一些特定环境下，很多人都会出现道德及行为上的偏差，不同人产生的偏差或在不同环境下产生的偏差存在程度大小之别，偏差的产生可能与主体思维方法缺乏科学性、从众、社会默化等因素有关。思想道德的偏差容易导致行为的偏差，即行为不符合规范。很多人内心不安、沮丧、自卑等都是由道德与行为偏差引起的，久而久之，人们的身心健康必然受到影响。

3. 亚健康的影响因素

(1)脑力劳动

人类依靠自身智慧与头脑中储存的知识对自然和社会进行改造的活动就是脑力劳动。脑力劳动主要是通过创造知识、传授知识、管理知识去实现一定的目标。在脑力劳动中，长期过度用脑容易造成亚健康。科研人员、企业职员、教师、新闻工作者等职业人群从事的工作以脑力劳动为主，他们也是亚健康的高发人群。脑力劳动者长时间用脑，大脑经常处于高度紧张运行状态，而且很少有时间进行运动锻炼，吃饭也比较匆忙，时间久了，很容易出现烦躁、易怒、记忆力下降、注意力不集中、情绪调节能力差、睡眠质量差等症状，这些都是亚健康的表现，对日常工作与生活都有不良影响。

(2)社会环境

人类社会中所有物质条件、精神条件的总和就是所谓的社会环境。在人类产生、发展及进化的整个过程中，社会环境都起着非常重要的作用。与此同时，人类活动也会在很多方面影响社会环境。人类在改造社会环境的同时，也在主动适应不断变化的环境，并在适应环境的过程中不断发展。

现代社会环境的特点是高效率、快节奏，人们长期在这一环境下生活，心理上承受的压力很大，从而出现一系列亚健康症状。现代城市交通拥堵，人口密集，存在严重的噪声污染，人们在这样的环境下生活，很容易感到身心疲劳。调查表明，近年来精神疾病患者和心理障碍患者数量不断增加就与社会压力大、高负荷工作等有关。现代社会环境对人们身心健康所造成的影响远远超过以前，其中当然包括不良影响，这也是亚健康人口规模不断增加的主要原因之一。

鉴于现代社会环境对人们的身心健康有诸多不良影响，我们应加强对社会环境的改善，同时要鼓励人们多进行体育锻炼，增强体质，提高社会适应能力，积极适应社会环境的变化，使“文明病”的发生率有效下降。

(3)生活方式

现代人的生活方式随着社会生活节奏的加快而发生了明显的变化，有的生活方式对人们的健康有利，而有的生活方式则给人们的健康带来了不利影响。以城市生活为例，人们早上起床后赶时间匆忙去上班，没有吃早饭的时间，午餐则以外卖为主，晚上参加饭局，大量饮酒，过量饮食，而且很晚才睡觉，休息时间少。总体上来说，人们一天的饮食非常不合理，导致机体缺乏营养或能量过剩。此外，人们每天面临着繁重的工作任务、要处理复杂的人际关系，这样不仅容易造成生理系统功能水平下降，而且容易引起负面情绪和心理障碍。

人们长期维持不良生活方式和不良行为习惯，很容易陷入亚健康状态。机体的适应能力是有一定范围的，当机体既非健康，也非疾病，而是处于二者之间的过渡状态时，则会有时更接近健康，有时更接近疾病，但属性并不明显。虽然人们处于健康与疾病的中间状态时依然可以像正常人那样生活、工作，但其思维、精力、活力和正常人相比还是有一些差距的。

人们要预防亚健康，就要对自己的生活方式进行调整，饮食要合理健康，全面均衡地补充营养；作息时间要规律，保证睡眠充足。此外，要尽量戒烟，控制饮酒的量，生活态度应乐观、积极，保持心情愉悦。

(4)饮食结构

不同地区的人们往往有不同的饮食习惯，饮食习惯直接影响饮食结构。此外，对饮食结构有重要影响的因素还包括人们的经济收入、当地的食用作物生产等。饮食结构应符合饮食习惯，要能满足体质发展之需，也要与个人经济收入、当地的食用作物生产方式保持一致。合理的饮食结构可以促进居民健康水平的提高。现代人的饮食结构严重不合理，这是造成亚健康的一个主要原因。饮食结构不合理主要表现为：不吃早餐；摄取的食物以高热量、低蛋白为主；一日三餐的热量分配不合理；饿着肚子减肥或暴饮暴食等。饮食结构不合理会影响内分泌激素的正常分泌，影响大脑供能，甚至会引起低血糖、身体乏力、心情抑郁等不适症状。

我们要注重从饮食上来预防亚健康，要认识到早餐的重要性，养成吃早餐的习惯，合理安排一日三餐，科学补充营养，特别要注重进行维生素与矿物质的补充。此外，还要改掉不健康的饮食习惯，如吃膨化食品和刺激性食物、挑食、暴饮暴食等。

（5）心理因素

这里的心理因素指的是在特定社会环境下导致人们的身体器官功能状态和社会行为发生变化的因素，主要是指个人内在情绪及对周围环境的态度。

人在适应环境的过程中，难免会出现心理紧张，这是正常反应，但如果过于紧张，而且长期处于紧张状态，就会导致心理状态不平衡，进而引发神经系统功能失调，造成生理亚健康与心理亚健康。

人们经常会有心理压力，心理压力会影响机体器官与系统功能，受影响比较明显的系统有神经系统、免疫系统、消化系统、心血管系统及内分泌系统等，所以很多生理方面的亚健康症状多出现于这些系统中。为了避免心理压力对机体系统产生不利影响，人们应学会及时调节自己的情绪，保持乐观的心态，闲暇之余适当增加社交活动、体育活动、娱乐活动，建立和谐的人际关系，从而有效预防心理疾病和亚健康。

（6）人际关系

人际关系是社会学中的一个概念，指的是社会人群中因交往而构成的相互依存、相互联系的社会关系，包括朋友关系、战友关系、师生关系、同学关系、同事关系、雇佣关系、领导与被领导关系等。人际关系可以说是人与人之间在一段过程中彼此借由思想、感情、行为所表现的吸引与排拒、竞争与合作、领导与服从等互动关系。[①]

人们面临复杂的人际关系时，如果处理不好这些关系，则容易出现亚健康症状。有些人喜欢与人交朋友，渴望和别人友好相处，但自己天生多疑，不信任他人，担心和人相处时自己会吃亏，而且自己有想法时也不敢说出来，因为担心得不到对方认可，所以他们在社会上总是难以顺利建立与长久维持一段和谐的人际

① 刘江南，赵广才．体质健康与科学健身指导[M]．广州：华南理工大学出版社，2008.

关系。这些人同时存在心理亚健康和社会适应亚健康的问题。要摆脱亚健康状态，就要学会调节心理，对他人要关心、信任和尊重，不要戴着有色眼镜看他人，努力建立与维持良好的人际关系，妥善处理复杂的关系。

4. 亚健康的预防

预防亚健康的技巧主要有以下几点。

(1)放松心理

人的一生中难免会遇到很多挫折，我们要做好应对挑战的准备，面对挫折要善于调节自己的心理，学会放松身心、维持心理平衡。

(2)营养均衡

在补充营养时，要注意合理性与均衡性，补充的量要适宜，要能满足机体所需，切忌没有节制地补充大量营养，否则容易造成营养过剩，尤其要控制对脂肪的补充。此外，要多吃富含维生素的食物，而且对膳食纤维的补充同样必不可少。

(3)睡眠充足

合理安排休息时间，尽量不熬夜，作息规律，睡眠时间充足，以促进体力恢复，提高机体免疫力。

(4)根据生理周期安排活动

生理周期因人而异，个体要对自己的生理周期有所了解，清楚自己的精力变化规律，然后以此为依据而对个人活动合理进行安排。

(5)劳逸结合

如今，人们工作强度大、生活节奏快，长期如此必然会引起健康问题，因此要适当放松自己，做到张弛有度。

(6)适量运动

科学参加体育锻炼活动能够有效预防亚健康或从亚健康状态过渡到健康状态。

三、体质与健康的关系

健康和体质之间既有联系又有区别。二者的联系主要表现为，良好体质是健康的基础和前提，健康是体质的最终归宿和目标。二者的区别主要表现为，健康是身体的一种状态，体质是身体的一种特质；体质是人体本身的一种能力，健康是这种能力与外界相互作用的过程中在身体外在状态上的体现。[①]

（一）生理健康与体质的关系

生理健康是健康的基础，因为健康的身体是人类进行一切活动的前提条件。古代医学在关于体质与生理健康的相关研究中指出，人体发生疾病与体质有一定的关系，体质在这方面发挥着特殊的效应功能。在体质的形成过程中，先天因素起到关键性作用。在先天遗传因素与后天环境因素相互作用的过程中会产生一些疾病，这反映了先天因素对体质的重要影响。

体质指数与冠心病、缺血性脑卒等疾病的发生率有密切的关联，控制体重，避免超重或肥胖，这能够有效预防冠心病、缺血性脑卒的发生。体质与高血压之间也有密切的联系，高血压患者的身体机能与身体素质水平明显不及正常人，高血压可引发心血管疾病，因此心血管疾病的产生也与体质有关联。

医学上也对体质与乳腺癌发病率的关系进行了研究。研究结果表明，随着体质指数的增加，已闭经妇女患乳腺癌的危险性也会有所增加，由此也说明肥胖与乳腺癌发病率存在密切联系。因此，控制体重、增强体质可使乳腺癌的发生得到有效预防。

有关研究表明，在生理健康方面，中等体质与优良体质的人不存在明显的差异，而体质差的人与前两者相比就存在很大差异。年轻人的生理健康状况与体质总分基本上没有直接的关系，

① 李莹．关于体质与健康关系的理论与实证研究[J]．体育世界(下旬刊)，2013(07)：16-17.

而中老年人的生理健康状况与体质总分存在密切的关系，而且年龄越大，这种关系越密切。

(二)心理健康与体质的关系

生理健康与心理健康之间存在着密切的关系，主要表现为前者为后者提供了物质基础，后者为前者提供了必要条件和重要保障。在体质与健康关系的研究中，对体质与心理健康之间的关系进行研究具有重要意义。

我国一些专家针对学生进行心理测评时，将国外检测方法与国内测试方法结合起来，并将国内外先进的检测仪器运用其中。在心理测评的基础上，又按照《国家学生体质健康标准》的相关规定与要求对学生进行了体质测评。在做完心理测评与体质测评后，详细记录了测评结果与成绩，并对比分析了两种测试的结果。分析表明，体质水平高的学生，心理测试成绩也比较好，而且思维能力、环境适应能力、创造力都比较强。有关专家运用心理测验方法、模糊聚类分析法、灰色关联分析法等研究了大学生心理健康与体质水平的内在联系以及心理因素对体能发挥的影响，研究结果表明，大学生的体质直接影响他们的个性心理特征和个性类型分布趋向的平均值，体质好和体质差的学生在这些方面存在明显差异，体质好的学生往往个性心理特征比较健全。

此外，我国一些专家对心理健康的学生和存在心理问题的学生分别进行了身体形态测试、身体机能测试以及身体素质测试，在测试中借鉴了相关检测资料，主要以《国家学生体质健康标准》为依据。体质测试结果表明，学生的体质状况与他们的心理健康水平有关，心理健康的学生不管是身体机能还是身体素质，都要优于存在心理问题的学生。

第二节　我国大学生体质现状调查

想要了解我国大学生的体质情况，可对个别地区大学生的体质状况进行调查分析，这样能够从整体上基本了解我国大学生的一般体质状况。娄亚涛在《大学生体质与身体自尊的相关性研究——以上海市三所高校为例》一文中分析了上海市三所高校中部分大学生的体质测试与相关调查结果，体质测试内容与方法主要参考《国家学生体质健康标准(2014 年修订)》。本节主要对此展开分析。

一、大学生体质健康总体水平调查

调查结果显示，大学生的体质水平总体不高，健康状况不容乐观。虽然整体上受试学生的体质测试成绩均值达到了及格水平，但不及格率几乎占到 1/4，并且成绩为良好和优秀的学生所占的比例较少。

从表 1-4 来看，男生的体质水平总体不及女生，主要表现为成绩及格者与优良者的比例均比女生的比例少，并且不及格者所占的比例高于女生。

表 1-4 大学生体质测试成绩统计(N=534)①

	不及格(%)	及格(%)	良好及优秀(%)
男生	27.0	68.9	4.1
女生	20.8	70.5	8.7
总体	24.0	69.7	6.4

进一步的调查结果表明，随着年级的升高，学生体质水平所呈现出的变化趋势是先上升后下降，具体表现为低年级学生的体质水平比高年级大学生的体质水平高。这主要是因为低年级学生在高中阶段养成了良好的作息习惯，饮食比较规律，营养与睡眠有所保障，而且他们在体育课上有一定的运动量，受结课考试

① 娄亚涛．大学生体质与身体自尊的相关性研究——以上海市三所高校为例[D]．南京体育学院，2017.

的影响,学生会在课余时间自觉锻炼,以提升某项运动技能,所以体质健康状况会有所改善,体质水平比刚入学时高。而高年级大学生受体育课和结课考试的限制少,运动量得不到保证,再加上他们自身的惰性,没有形成良好的体育锻炼习惯,终身体育意识薄弱,自律性差,甚至养成了不按时作息和饮食不规律的习惯,最终导致体质水平下滑。可见,大学生体质健康水平受到了饮食、作息、体育锻炼等因素的直接影响。

二、大学生身体形态现状调查

人体外部形态特征主要通过身高、体重、围度、四肢长度、皮褶厚度等身体形态指标体现出来。下面主要分析身高、体重及体重指数指标的测试结果,从而基本了解大学生的身体形态现状。

(一)身高

受试学生的身高均值见表 1-5。这个测试成绩比全国大学生的身高均值高,主要原因在于生活在上海的这些大学生受良好的先天遗传因素、后天因素的影响,身体发育较快所致。

表 1-5 大学生身高均值统计(N=534)①

性别	身高均值(厘米)
男生	173.73
女生	162.45

进一步调查发现,男大学生的身高随年级的增加而持续增长,这主要是因为成年男性到 22 岁左右才是骨的长合时期,而低年级学生的年龄在 19 岁左右,骨还在发育,到高年级才会停止发

① 娄亚涛. 大学生体质与身体自尊的相关性研究——以上海市三所高校为例[D]. 南京体育学院,2017.

育。所以，随着年龄的增长、年级的增加，身高也会继续增长。女大学生身高则一般不会随年龄增长而变化。

（二）体重

体重测试结果显示，受试学生的体重均值较高，这与现代经济发展、居民生活质量提升、大学生营养状况不断改善等原因有直接的关系。

表 1-6　大学生体重均值统计(N=534)①

性别	体重均值（千克）
男生	67.49
女生	57.26

进一步调查发现，随着年级的增加，男大学生的体重在不断增长，这是一种正常的生理发育现象，因为随着骨骼和肌肉的发育，他们的体重自然会有所增长。此外，男生体重增长还与膳食营养、体育锻炼等因素有关。

男大学生体重变化趋势是随年级增加而增长，部分女大学生刚好相反，随年级增加而降低。这主要是因为部分女大学生的审美观念在不断变化，她们越来越在乎自己的身材与外貌，追求曲线美，因此会通过节食、体育锻炼来达到减肥的目的，节食、锻炼都会使体重下降。

（三）体重指数

评价大学生的身体胖瘦时，主要采用体重指数（BMI）指标。体重指数（BMI）＝体重（千克）/身高^2（米^2）。大学生体重指数评分表见表 1-7。

① 娄亚涛．大学生体质与身体自尊的相关性研究——以上海市三所高校为例[D]．南京体育学院，2017.

表 1-7 大学生体重指数评分表(单位:千克/米²)

等级	男生	女生
正常	17.9～23.9	17.2～23.9
低体重	≤17.8	≤17.1
超重	24.0～27.9	24.0～27.9
肥胖	≥28.0	≥28.0

受试学生不同等级体重指数的比例见表 1-8。

表 1-8 大学生不同等级体重指数的比例统计(N=534)①

	正常体重(%)	低体重(%)	超重(%)	肥胖(%)
男生	60.74	8.89	25.56	4.81
女生	75.00	10.98	10.23	3.79
总体	67.87	9.94	17.29	4.30

从上表统计结果来看,大学生体重指数水平较低。男生超重和肥胖的比例比女生超重与肥胖的比例高,男生低体重的比例比女生低体重的比例低。另外,男生低体重和超重的比例分布不平衡,超重较多,而女生低体重和超重的比例则相对比较平衡。因为以瘦为美的审美观念在女大学生群体中比较流行,女生希望自己体重轻一些,看起来苗条一些,所以,女生低体重的比例比男生低体重的比例高。男生超重和肥胖比例高,与其缺乏运动、饮食不合理、作息不规律等因素有关。

总之,大学生的身体形态状况不佳,超重和肥胖比例较高,女生的身体形态状况总体上比男生好一些。

① 娄亚涛.大学生体质与身体自尊的相关性研究——以上海市三所高校为例[D].南京体育学院,2017.

三、大学生身体机能现状调查

身体机能指的是身体各器官、系统维持生命活动的基本能力。运用身体机能指标既能对个体身体状况进行评价，又能对个体体质水平及锻炼效果进行评价。身体机能指标包括肺活量、脉搏、血压等，其中，肺活量指标非常重要，测试学生的肺活量能够对大学生的呼吸机能有一定的了解。

肺活量是一次呼吸的最大通气量，个体呼吸机能的潜力、呼吸系统的功能等可从肺活量这个指标中反映出来。因此，在身体机能测评中，经常采用肺活量这个指标来评价身体机能和生长发育水平。图 1-3 所示的是受试学生肺活量测试成绩的比例，从这个成绩分布图来看，大学生的肺活量水平一般。虽然不及格的学生所占比例小（10％），但成绩为良好与优秀的学生所占的比例也较小，分别为 16％和 15％。此外，大学生肺活量测试成绩的及格率也有待提高，目前成绩合格的大学生只占 59％。

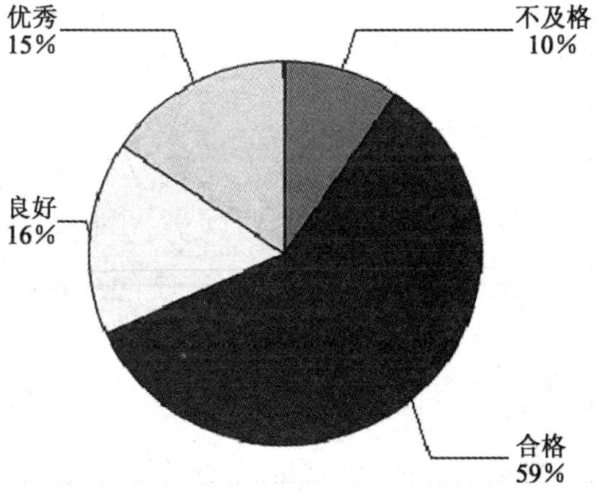

图 1-3① 受试学生肺活量测试成绩的比例

① 娄亚涛．大学生体质与身体自尊的相关性研究——以上海市三所高校为例[D]．南京体育学院，2017.

进一步调查了解到，大学生肺活量的变化和年龄有关，整体趋势是随年龄增加、年级升高，肺活量均值先升高后下降，主要原因是肺活量与身高、体重等因素有关，随着大学生身高、体重的变化，肺活量也会发生相应的变化。除了身高、体重等身体因素外，大学生的运动习惯也会影响肺活量大小。

此外，男生的肺活量均值比女生高，这主要与人体生理结构的性别差异有关。

四、大学生身体素质现状调查

人们在身体活动过程中所表现出来的力量、速度、耐力、柔韧、灵敏和协调等机能的总和就是身体素质，其在运动过程中可以综合反映人体各器官系统的机能水平。良好的身体素质可以保证人们正常的身体活动，能够使人们更好地参与运动锻炼、掌握运动技能、提高锻炼效果。在体质健康评价中，身体素质是必不可少的评价指标。

人的身体素质水平在一定程度上受到先天遗传因素的影响，也与人体生理特征有一定的关系，但对身体素质影响更大的因素是后天的膳食营养与运动锻炼。

下面主要分析对大学生力量（立定跳远和男生引体向上、女生 1 分钟仰卧起坐）、速度（50 米跑）、耐力（男生 1 000 米跑、女生 800 米跑）及柔韧（坐位体前屈）等身体素质的测试结果。

（一）力量素质

受试学生力量素质测试成绩的等级分布见表 1-9。

表 1-9　大学生力量素质测试成绩等级分布(N=534)①

测试项目		不及格(%)	及格(%)	良好(%)	优秀(%)
立定跳远	男生	20.74	61.85	12.96	4.44
	女生	25.38	58.33	11.36	4.92
	总体	23.03	60.11	12.17	4.68
引体向上(男)/1 分钟仰卧起坐(女)	男生	85.92	10.74	1.48	1.85
	女生	29.54	60.98	6.44	3.03
	总体	58.05	35.58	3.93	2.43

从上表来看,大学生的力量素质水平总体不高。立定跳远测试中,有 23.03%的学生成绩不及格,成绩及格、良好及优秀的学生占到大部分比例,这说明大学生的下肢力量相对较好,而且从男女生的不及格率来看,男生的下肢力量比女生好一些。但在引体向上(男)/1 分钟仰卧起坐(女)测试中,有一半以上的学生成绩不及格,这说明大学生的上肢力量和躯干力量较差,男生更加严重,有高达 85.92%的男生引体向上成绩不及格。

总体而言,大学生力量测试的成绩不容乐观,教育部门及校领导应予以重视,加强改善,具体可从以下两方面着手。

第一,调整大学生力量素质评价指标和标准。

第二,有针对性地提高大学生身体各部位的力量,调整体育选修课内容,增加力量型运动项目,促进学生力量素质的提升,并为改善其他身体素质奠定基础。

(二)速度素质

大学生速度素质测试成绩的等级分布见表 1-10。

① 娄亚涛. 大学生体质与身体自尊的相关性研究——以上海市三所高校为例[D]. 南京体育学院,2017.

表 1-10　大学生 50 米跑成绩等级分布(N=534)[①]

	不及格(%)	及格(%)	良好(%)	优秀(%)
男生	11.85	71.78	12.96	3.41
女生	12.88	78.41	7.20	1.52
总体	12.37	58.10	10.08	4.47

从上表统计结果来看,大学生的速度素质水平整体比较高,仅有 12.37%的学生测试成绩不及格。男生的速度素质水平总体上比女生高,主要表现为优良率高于女生,不及格率低于女生。男女速度素质存在差异的原因主要表现在以下两个方面。

第一,男女生理结构、肌肉能力存在本质上的差异。

第二,男生和女生的性格不同,男生喜动,女生喜静,所以,男生偏喜欢速度型运动,女生偏喜欢柔韧型运动。此外,男生经常参加速度型运动,速度素质自然会得到提高。

(三)耐力素质

大学生耐力素质测试成绩的等级分布见表 1-11。

表 1-11　大学生 1 000 米(男)/800 米(女)跑测试成绩等级分布(N=534)[②]

	不及格(%)	及格(%)	良好(%)	优秀(%)
男生	47.78	47.04	5.19	0.00
女生	30.68	63.26	4.92	1.14
总体	39.23	55.15	5.06	0.57

从上表统计结果来看,大学生的耐力素质水平总体上并不高,有高达 39.23%的学生测试成绩不及格,男生的不及格率更高,这说明男生的耐力素质总体上不及女生,但女生的不及格率

① 娄亚涛. 大学生体质与身体自尊的相关性研究——以上海市三所高校为例[D]. 南京体育学院,2017.

② 同上.

也不低，男生和女生的优良率都很低，所以总体上大学生耐力素质较差。

参加有氧运动能够有效提高心肺功能和耐力素质，但要求运动强度为中等强度，运动持续时间在0.5小时以上。很多大学生在日常运动锻炼中均达不到这个要求，即运动强度小，运动持续时间短，所以导致耐力素质较差。对此，高校可适当改革体育课程内容，增设耐力型运动项目，从而改善大学生的耐力素质，提升大学生的运动能力。

（四）柔韧素质

大学生柔韧素质测试成绩等级分布见表1-12。

表1-12　大学生坐位体前屈测试成绩等级分布(N=534)①

	不及格(%)	及格(%)	良好(%)	优秀(%)
男生	22.96	59.26	9.63	8.15
女生	17.80	61.36	11.74	9.09
总体	20.41	60.30	10.67	8.61

从上表统计结果来看，大学生的柔韧素质总体较差，有20.41%的学生测试成绩不达标。相对来说，女生的柔韧素质要比男生好一些，女生的不及格率低于男生，及格率、优良率均高于男生。

男女生柔韧素质存在差异的主要原因是，二者的身体形态结构有差别，女生关节的灵活度、柔软度优于男生，这也与遗传因素有关。即使男生和女生进行同样的柔韧练习，往往女生的练习效果要比男生好。另外，女生喜欢柔韧类运动项目，而男生偏向于力量和速度类项目，所以，女生的柔韧素质经过后天的锻炼也会不断加强。

综上分析，大学生的身体素质现状不容乐观。大学生的身体

① 娄亚涛．大学生体质与身体自尊的相关性研究——以上海市三所高校为例[D]．南京体育学院，2017.

素质一方面受先天遗传因素的影响；另一方面也受到后天运动锻炼的影响，而且后天的影响更大。大学生身体素质整体较差，主要是因为后天缺乏锻炼，尤其是缺乏力量素质和耐力素质的相关锻炼。高校体育选修课的教学内容以慢节奏运动、娱乐性运动为主，运动量较少，运动强度较小，而且学生在课余时间很少参加专门提高身体素质的锻炼活动，这些都造成了大学生身体素质水平低下的后果。教育部门及高校领导应对此予以重视，应加强对体育课的改革与创新，开展丰富多彩的课余体育锻炼活动，积极引导大学生参与体育锻炼，从而促进大学生身体素质的提升及整个体质状况的改善。

第三节　大学生体质健康的影响因素分析

一、人类体质健康的一般影响因素

在分析影响大学生体质健康的因素前，有必要先了解人类体质健康的一般影响因素。影响人类体质健康的因素主要有以下几类。

（一）生物遗传因素

人类在漫长的生物进化过程中所形成的遗传、成熟和老化及机体内部的复合因素就是生物遗传因素，具体包括机体成熟、老化及遗传作用、人体器官系统的功能水平、机体抵御致病因素的能力等。人类健康直接受生物遗传因素的影响，一些疾病的发生、发展及分布在一定程度上是由生物遗传因素所决定的。

常见的生物致病原主要是一些致病性微生物和寄生虫，如蠕虫、原虫、细菌、病毒等。镰状细胞贫血症、血友病、蚕豆病、精神性痴呆等疾病与遗传因素有直接的关系，部分肿瘤、心血管疾病、糖尿病及某些精神障碍性疾病等疾病是遗传、环境和生活方式等各种因素综合作用的结果。

(二)环境因素

环境因素指的是人类赖以生存的自然环境(物质环境)与社会环境(非物质环境)。

1. 自然环境

自然环境一般可以分为以下两类。

(1)原生环境

这类自然环境是天然形成的,构成因素多为纯天然因素,如纯粹由正常的化学元素组成而没有被人类活动所影响的大气、水、土壤等,它们直接影响人体健康。然而,受地理、地质等因素的影响,有些地区的自然环境状况不佳,如水或土壤中缺乏某类元素或某类元素过多,这对人类健康都有直接的危害,会导致一些疾病的产生。

(2)次生环境

次生环境指的是被工农业生产中形成的废物和人类生活中产生的废物所影响的环境,次生环境使人类生存条件发生变化,对人类健康造成严重危害。

2. 社会环境

社会环境指的是人类在生产、生活和社会交往活动中形成的各种关系,包括生产关系、社会关系、阶级关系等,社会经济、政治、文化、教育、人口状况等都属于社会环境的范畴。此外,医疗服务、人的心理状态及行为方式等也可归入广义的社会环境中。

社会环境对人的生理健康、心理活动都有重要的影响,某些疾病的发生、发展与社会环境均有直接的关系。现代社会各行各业都充满竞争,人们工作紧张,人际关系复杂,面临多方面的压力,这些都对人类健康造成了不同程度的影响。

(三)行为与生活方式

行为是人类在自身主观因素的影响下产生的外部活动,生活方式指的是人们长期在社会习俗、社会规范和家庭的影响下所形成的生活意识及生活习惯。[①] 随着社会的不断发展,人们的健康观也在不断改变,并逐步认识到人体健康受行为和生活方式的影响极大。为了促进健康、维护健康,人们必须形成科学的行为和生活方式,养成良好的行为习惯与生活习惯,摒弃不健康、不合理的行为与生活方式。

不良行为与生活方式是导致许多疾病发生的直接原因,世界卫生组织指出,恶性肿瘤、心脑血管病、由环境污染所致的疾病、意外死亡等均与人们的不良行为及生活方式有关,如饮食不健康、不运动、滥用酒精、抽烟、吸毒等。此外,不遵守公共安全守则、交通规则等也可能引发意外事故,造成伤残或死亡。

当前,肿瘤、心脑血管病的发病率和死亡率都比较高,要降低这些疾病的发病率与死亡率,就要注意改变生活方式,努力养成良好的生活习惯,具体包括戒烟、少量饮酒、多锻炼、饮食健康、营养均衡、保持心态乐观和情绪平和等。

(四)医疗与社会保健制度

医疗保健指的是普查疾病、治疗疾病、预防伤残与疾病、康复训练、促进健康以及健康教育等一系列活动的总和。社会保健制度包含很多内容,但首先要加强对最基本的卫生保健制度即初级卫生保健制度的建立与健全。通过建立该制度,能够针对某一区域人们普遍存在的卫生问题而提供卫生服务,从而有效防治疾病、增进健康。例如,有针对性地开展健康教育、提供基本卫生设施、改善食品卫生状况、开展妇幼保健活动、提供基本药物、防控地方病等。采用这些举措,使某区域的个人和家庭享受基本的卫

① 章明明,杨铁凡,陶剑飞. 大学生生理与心理健康教育[M]. 北京:科学出版社,2009.

生保健服务，进一步促进与维护健康。

以上因素是影响人类体质健康的一般因素，当然也会对大学生的体质健康造成影响。下面，重点分析影响大学生体质健康的主要因素。

二、影响大学生体质健康的主要因素

（一）学校因素

1. 高校领导对体育不重视

高校领导对学校体育的发展不够重视主要从以下几个方面体现出来。

第一，在体育基础设施建设方面投入的资金比较少，使体育场地设施现状无法满足学校体育发展之需。很多高校中不管是体育场地，还是体育器材设施，都比较缺乏。

第二，高校领导不注重培养优秀的体育师资队伍，在引进优秀教师、培训现有教师等方面不愿投入太多的资金与精力，导致体育教师数量少、水平低，从而直接制约了体育教学质量的提高。

第三，高校组织的课余体育活动比较少，对体育社团、俱乐部活动的支持力度小，在学生参加课余体育活动时缺乏指导，影响了学生参与的积极性。此外，高校不注重宣传体育知识与文化，影响了校园体育文化的发展。

第四，为了避免发生安全事故而舍本逐末，如缩减体育课时，体育教学内容以简单娱乐性项目为主，这导致学生的运动量减少，体质下降。

2. 体育教师的专业素养较差

第一，一些体育教师只追求完成教学任务，不注重对教学方法、教学模式的改革，教学千篇一律，而且缺乏对学生的科学引导与监督，从而影响了学生上体育课的积极性。

第二，体育教师在教学中传授一些简单的基本动作，大部分时间让学生自由活动，即使学生不是自觉练习所学动作，教师也不会采取措施，而且任由学生聊天、玩手机，学生得不到有效锻炼，体质水平逐渐下降。

(二)家庭因素

现在很多大学生都是家里的独生子或独生女，备受家长关心、宠爱甚至是溺爱，家长过于溺爱孩子对孩子的健康成长是不利的。因为从小在父母过度呵护下长大的孩子可能会养成懒惰、怕脏、怕累的毛病，遇到困难不能勇敢面对，从而造成一系列问题，影响其健康成长。

家长过度保护孩子也是大学生体质下滑的主要原因之一。一些家长认为体育锻炼有危险，所以只注重培养孩子德、智、美方面的素质，忽略了体育方面的培养，导致孩子因长期缺乏锻炼而体质弱。

家庭教育方式对大学生体质健康的影响不容忽视。一部分家长教育观念狭隘，教育思想呈现出专制性，教育手段简单、粗暴、落后，这容易使孩子形成不健康的人格特征，如自卑、敏感、抑郁、焦虑等，很多大学生都存在这些问题。

(三)社会因素

当前，我国正处于社会转型的关键时期，虽然否定了旧的社会规范和价值判断标准，但还没有完全建立起新的社会规范和价值判断标准，被大众普遍认可的社会规范体系还不够健全，很多人因为缺乏社会规范的引导而导致行为失当或形成了不科学的生活方式，进而对健康造成了影响。大学生正处于树立人生观、价值观的关键时期，特别需要正确的引导，但因为现代社会生活环境比较复杂，社会规范不健全，所以大学生在自我价值确立中容易陷入矛盾，无所适从，失去方向。这不利于大学生的心理健康与社会适应健康。

随着社会生活节奏的加快和社会竞争激烈程度的增加，社会对人才的要求越来越高，社会环境的变化使大学生承受着很多方面的压力，使其失去安全感，从而引发一些身心疾病。大学生面临的压力主要表现在以下几个方面。

(1)适应压力。大学新生进入大学校园后，面临的学习环境与生活环境都与中学阶段有很大的不同，新生短期内难以调整生活方式，适应新环境也需要一段时间，所以难免会有压力。长时间适应不了大学生活的新生容易出现负面情绪，变得敏感、悲观、自卑。

(2)经济压力。对家境困难的学生来说，大学学费、生活费等都是很大的负担，他们需要申请助学贷款、学校补助金或通过勤工俭学才能顺利上学和生活。经济压力容易使家庭条件困难的学生感到焦虑、自卑，久而久之必然会引起心理失衡和健康问题。

(3)就业压力。随着高校的扩招、就业制度的变革以及社会竞争的加剧，就业形势愈发严峻，大学生的就业压力越来越大，高年级学生在就业压力的影响下容易出现身心健康问题。

(四)个人因素

学校、家庭、社会因素是影响大学生体质健康的外部因素，大学生最终是否会产生疾病，其个体内部因素起到关键性作用。下面，主要从个体心理、个体生活方式两个方面分析个人因素对大学生体质健康产生的影响。

1. 个体心理

影响大学生体质健康的个体心理因素主要包括以下几点。

(1)意识

大学生普遍缺乏主动锻炼的意识，更没有养成长期锻炼的好习惯。一些学生虽然偶尔锻炼，但由于自身运动能力有限，在锻炼中感到力不从心，所以，常常选择放弃一些需要技巧或体力的锻炼项目,导致锻炼效果不明显。

(2)认知

从认知心理学视角而言,人的情绪和行为反应是由个体对应激事件的认知和态度所决定的,而不是由某一事件本身直接引起的。不同人对同一件事情有不同的思维与看法,所以会产生不同的情绪体验,进而引起不同的行为反应和后果。所以说,人的情绪和行为在很大程度上受到人自身思维与观念的影响,大学生的一些情绪问题和行为问题主要是由不合理的认知或错误观念造成的。

(3)人格

人的一些身心疾病是由自己的人格特征和性格缺陷引起的,这是不可忽视的内在影响因素。临床心理学研究表明,人的性格类型与身心疾病的发病率之间存在一定的关系,个性与心理健康密切相关,良好的个性对身心健康非常有益,如情绪积极、乐观自律等,而敏感多疑、忧郁悲观等性格容易引发一些身心疾病。

2. 个人生活方式

不良生活方式是影响大学生体质健康的重要因素之一,大学生群体中常见的不良生活方式有吸烟、喝酒、通宵上网、吃垃圾食品、不按时作息等。

第二章　大学生体质健康监控研究

随着社会的进步与教育事业的发展，大学生体质健康问题越来越受关注，国家教育部为促进学生体质健康而出台《国家学生体质健康标准（2014 年修订）》，要求包括高校在内的各级学校严格执行并充分落实，以期为学生体质健康提供保障。然而，各高校在执行《国家学生体质健康标准（2014 年修订）》的过程中出现了很多问题，这也是造成大学生体质健康状况不容乐观的一个主要原因。为此，必须严格监控大学生体质健康测试及高校对大学生体质健康管理的相关工作，以期使大学生的体质健康状况得到有效的改善。本章主要就大学生体质健康监控展开研究，主要内容包括大学生体质健康监控的历程与发展需求、大学生体质健康监控的基本要求等。

第一节　大学生体质健康监控历程与发展需求

一、大学生体质健康监控的发展历程

新中国成立以来，我国大学生体质健康监控的发展主要经历了以下几个阶段。

（一）1949—1956 年：起步探索阶段

我国学校体育的发展随着新中国的成立而开启了新的篇章。但在新中国成立初期，我国专门针对体育而出台的法规政策并不

多，各级体委的相关文件是我国发展体育事业的主要参考，体育事业基本是在人治环境下逐步发展的。1950年8月，中国体育访问团在苏联进行了考察，学习了该国包括学校体育在内的体育事业的发展经验，并将“劳卫制”引进我国。我国从1951年开始逐步将“劳卫制”向部分地区推行。1952年，全国群众性体育组织——中华全国体育总会在北京成立。1954年后，因为一些不利因素的存在而使该条例的实施受到了影响。例如，受社会“浮夸风”的影响，部分学校在实施过程中忽视了循序渐进的原则，与体育技能的形成规律相悖，急于求成，只想着尽快达标，从而使正常的学校体育教学受到了严重冲击。此外，因为经济和自然灾害的影响，大学生营养不良，体质下降，从而制约了“劳卫制”的实施。

（二）1957—1977年：停滞与曲折阶段

20世纪60年代左右，受社会因素的影响，“劳卫制”在学校的实施流于表面形式，学校让学生参加体育锻炼的目的不是让他们强身健体，而是达标，再加上自然灾害的影响，导致“劳卫制”在学校的实施停滞不前。度过困难期后，国家再次推行“劳卫制”，以促进学生体质健康水平的提高。在1964年召开的全国体育工作会议上，“劳卫制”被国家体委改名为《青少年体育锻炼标准》，测试项目与评分标准仍沿用“劳卫制”中的项目与标准，随后一段时间，该标准因故中断推行。1975，《青少年体育锻炼标准》改名《国家体育锻炼标准》。

（三）1978—1992年：恢复与重建阶段

改革开放后，体育在学校教育中的地位重新得到恢复，其作用和重要性也越来越被认可。十一届三中全会后，社会主义现代化建设成为我国的工作重心。此后，我国重新重视学生体质健康监控服务，并积极开展相关工作。1979年，学校体育工作会议在扬州召开，国家体委、教育部等将“增强学生体质”确定为学校体育工作的主要指导思想。同年，《高等学校体育工作暂行规定》

(试行草案)由教育部和国家体委联合下发,而且《国家体育锻炼标准》在我国各地的高校内开始逐步推广与实施。1982年,《关于做好新〈国家体育锻炼标准〉推行工作的联合通知》由教育部颁布。1983年,在全国学校体育卫生工作会议上,教育部再次强调增强学生体质是学校体育教育的根本任务。1987年,有关部门联合下发《关于中国学生体质、健康状况调查研究结果和加强学校体育卫生工作的意见》,这表明我国大学生体质健康监控的相关法规政策建设逐步趋于规范化。1990年,《国家体育锻炼标准》被进一步修改,且其在高校的实施越来越普遍,执行越来越严格,这使得大学生体质有了一定的好转。

(四)1993—2011年:加强与改进阶段

《学校体育工作条例》于1990年颁布,"增进学生身心健康、增强体质"的目标与任务被重新强调。1993年开始,我国在学校体育建设上不断加大力度,并大力整改,一系列相关法规政策相继出台。《中华人民共和国体育法》于1995年开始施行,这部法律使《国家体育锻炼标准》在各校的落实及学生每天的体育锻炼时间得到了保障。1999年,中共中央自改革开放以来首次下发与学生体质健康有关的文件——《中共中央国务院关于深化教育改革,全面推进素质教育的决定》,这表明我国越来越重视学生体质健康监控。2002年,《学生体质健康标准(试行方案)》由教育部、国家体育总局联名颁布;2006年,《关于进一步加强学校体育工作,切实提高学生健康素质的意见》由教育部、国家体育总局联合下发。这些文件的颁布与实施有力推进了大学生体质监控管理工作的开展。2008年北京奥运会的成功举办为我国大学生体质健康监控的发展提供了方向和动力。2010年,我国国民体质监测质量控制体系逐渐形成,接连出台了一系列和学生体质测试相关的指导性文件,如《学生体质与健康监测工作方案》《中国学生体质与健康调研检测细则》等,这些文件从理论层面和操作层面为大学生体质测试的实施提供了重要依据和方法指导,保障了大学生体质测试质量。

(五)2012年至今:巩固与稳步阶段

2012年,教育部等出台《关于进一步加强学校体育工作的若干意见》,提出要注重对学校体育监测评价机制的建立健全,注重对学生体质健康测试和评价制度的完善。此外,教育部还号召各级学校全面实施《国家学生体质健康标准》,同时提出建立健全与之相配套的相关制度,如学生健康检查制度、学生进行体质健康监测制度、国家学生体质健康标准测试制度等。在有关部门的监督下,各学校每年定期组织学生进行体质测试,由教育部门审核测试结果,审核通过后方可上报纳入国家学生体质健康标准数据管理系统。2014年,教育部印发《学生体质健康监测评价办法》,要求各地在教育现代化指标体系的构建中纳入学生体质健康监测评价体系,并在学校体育考试制度的改革中将体质测试作为其中一个主要内容,从而促进学生体质健康监测的科学化、规范化。2014年7月18日,最新修订的《国家学生体质健康标准》由教育部公布,以前的选测项目成为必测项目,每个测试项目的权重比例、不同项目的评分标准也较之前也有了变化。现在,《国家学生体质健康标准》已成为促进学生体质健康发展、激励学生积极锻炼的重要教育手段之一。

当前,我国应认真总结大学生体质健康监控的历史经验,及时发现大学生体质健康问题,不断加大监控力度,构建规范合理的大学生体质健康监控管理体系,通过科学有效的监控来提高大学生体质健康水平。

二、大学生体质健康监控的发展需求

(一)系统化发展需求

大学生体质健康监控涉及多方面的工作,这是一个庞大的系统工程。要提高大学生的体质健康水平,并使大学生持续健康发展，在中学阶段就要引导学生树立正确的健康观念和运动健身观念，鼓励学生积极参加体育课学习和丰富多彩的课外体育活动，为步入大学后的体质健康及未来长期的健康奠定坚实的基础。在大学生体质健康监控中，要横向比较不同大学生的体质健康水平，并纵向比较大学生在不同阶段的健康状况，构建一体化的监控体系，这能够为高校对大学生体质健康档案库及大学生体质健康评价体系的建立提供参考。此外，之所以说大学生体质健康监控涉及多个方面的工作，是因为学校开展体育运动、政府制定体质测试政策、社会推动体育产业发展等领域都有相关涉猎。因为大学生体质健康监控具有系统性，因此有必要对"学校—政府—社会"三维协同监控模式进行构建，以促进监控范围和辐射面的扩大，为相关部门相互监督与有效管理提供便利。在大学生体质健康监测系统的构建中，要强调系统的全面性，强化该系统的指导干预功能，及时向有关部门反馈大学生体质测试结果，并根据实际结果而提供运动处方，提供针对性指导，这有助于有效改善大学生体质健康状况。

（二）常态化发展需求

常态化监控是为了保证大学生体质健康监控计划的正常运行，避免在监控工作的开展过程中受到干扰。大学生体质健康监控管理并非朝夕之间就能完成，这是一个长期的过程，需要政府部门从制度、政策及其他方面予以支持，特别要为高校开展体质测试工作提供相关支持，以便于高校更好地实施《国家学生体质健康标准》。地方政府应加强对体质健康管理制度、体质健康测试检查制度、专业人员培训制度、常态化平台公告制度等一系列制度的健全与完善，以充分实现常态化的监控。为达到这一目的，还有必要建立体质健康网络平台，这样不管是学校对学生进行评价，还是上级对下级进行监督等，都会很方便。常态化的监控有利于政府对大学生的体质健康状况有所了解，并及时采取有效措施从宏观上加以调控。常态化监控还有利于对测试结果进行及时反馈，保证信息传递的及时性、有效性。

（三）专业化发展需求

高校对大学生进行体质健康监控，关键是要严格执行《国家学生体质健康标准》，确保大学生体质健康测试数据准确、真实、有效。也就是说，高校必须从专业化的角度去执行《国家学生体质健康标准》，在大学生体质健康测试中达到专业化要求。

大学生体质健康监控的专业化具体表现在以下几方面。

第一，要保证大学生体质健康信息采集的有效性。为了更好地完成体质测试工作，有必要严格检测测试仪器，对测试相关人员进行专业培训，这样能够提高测试结果的准确性。

第二，专业的监控部门可以从专业的角度公正、合理地评价测试仪器，并科学检验体质监测数据的有效性。

第三，体育教师在改善大学生体质健康状况方面发挥着重要的作用，这对体育教师在健康指导方面的专业水平提出了较高的要求，体育教师应能根据大学生的体质健康状况而提供相应的运动处方和科学的运动方案。

（四）现代化发展需求

大学生体质健康监控的现代化发展主要从以下两点体现出来。

1. 测试仪器的现代化

随着《国家学生体质健康标准》的普遍实施以及国家有关部门对大学生体质健康重视程度的不断提升，高校每年都要对在校大学生进行体质健康测试，并在规定时间内向有关部门上报真实的数据信息。在体质测试中若使用传统测试仪器，则需要工作人员记录每项数据，再将其统计到计算机中，不仅工作量大，而且容易出错。传统测试仪器难以满足体质测试的新要求，因此已被淘汰。现在大学生体质健康测试中采用的是智能测试仪器，这是现代化仪器，在测试中直接就可以上传测试数据，工作量较少，也不易出错，为工作人员提供了很大的方便。这也是现代化智能测试仪器越来越受欢迎和被广泛应用的主要原因。

2. 体质健康管理系统的现代化

在现代社会，各行各业都已离不开网络。教育部依托计算机网络构建“学生体质健康测试数据管理系统”，并通过建立网络信息化平台来加强体质健康监控管理。高校将大学生体质测试数据上传到“学生体质健康测试数据管理系统”后，该系统就会对其进行自动整理、分析并及时反馈，这样就为之后的工作提供了便利。

第二节 大学生体质健康监控的基本要求

全面健康管理是一个不断循环运行的过程，包括健康危险因素的监测—评价—干预—再监测—再评价—再干预……作为健康管理的一部分，大学生体质健康管理受到了政府有关部门、社会相关领域和高校的高度重视。各高校在“健康第一”思想的指导下，严格按照《国家学生体质健康标准》的要求对大学生进行体质测试，并在此基础上实施监督和干预，以促进大学生体质健康水平的全面提升。“健康第一”指导思想下的大学生体质健康监控应达到四个基本“点”和三个基本“面”的要求，具体分析如下。

一、大学生体质健康监控的四个基本“点”

(一)出发点

为了充分贯彻党的教育方针，有力推动高校体育工作的开展，有效落实《国家学生体质健康标准》以及更好地培养高等人才,要求高校对大学生的体质健康水平进行综合评价和监控。激励大学生进行体育锻炼,培养大学生的锻炼习惯,促进大学生自我保健能力的提升,改善大学生体质状况,促进大学生健康水平的提升,这是对大学生体质健康进行监控的主要出发点。各高校为了增强大学生体质而采取了很多措施,最常见的就是组织形式多样、内容丰富的体育活动,鼓励大学生参与体育活动,但实际效果和预期还是有差距的。高校在大学生体质健康管理中,如果只是一味简单沿用原有的制度,提供一成不变的健康服务,健康管理工作毫无创新和改进,那么就很难有效提高大学生体质健康水平。高校在大学生体质健康监控过程中要不断创新,形成自己的特色,并在长期循环的监控过程中以大学生体质健康状况的变化为依据而对健康促进计划进行设计与修订。

(二)支撑点

大学生体质健康监控是建立在高校依据《国家学生体质健康标准》对大学生进行体质测试基础上的。因此,确保大学生体质监控工作顺利开展的支撑体系包括《国家学生体质健康标准》实施的运行机制、制度保障以及科学管理;经费投入、设施建设、相关人员培训等内容。大学生体质健康监控必然离不开政府的支持,包括政策的支持(如制订相关健康促进政策)、资源的支持(如财力、物力等)等,这些支持能够为实现政府、学校等不同层面健康策略的转变而提供重要的动力。

此外,政府还要针对大学生体质健康监测的结果而制定体质健康的发展策略和目标;针对高校在实施《国家学生体质健康标准》的过程中出现的问题加强监控与管理,必要时还要制定相关政策法规来采取强制性措施进行监管,发挥权威性作用,这样便能够有效提高大学生体质健康监控的效果。

(三)关键点

大学生体质健康监控的关键在于加大高校对《国家学生体质

健康标准》的执行力度，在《国家学生体质健康标准》的实施过程中加强管理，保证体质测试的质量。

我国有关学者在体质健康管理研究中，将控制论、信息论等理论运用其中，并基于这些基础理论和现实体质指标健康规范量而建立了体质健康控制论，目的是控制人类的体质指标量，使其处于最佳适度范围内，并优化组合相关指标，以产生最大的健康效益。[①] 政府部门通过对大学生体质健康进行监控，了解大学生的体质健康状况，然后根据实际情况加以干预，如制定健康促进计划、政策等，从而更有针对性地改善大学生的体质健康现状。有关部门对大学生体质健康状况的合理评价及制定与实施相关干预政策是建立在真实有效的监控信息的基础上的。

（四）归宿点

大学生体质健康监控的归宿点和出发点相同，即增强大学生体质，培养全面发展的人才，这也是高校教育的主要目标。为了达到这一目标，高校需建立一个综合性的大学生体质健康管理体系，融网络支持、健康教育、健康服务于一体，相应的大学生体质健康管理平台应是由多方面的力量共同组成的，包括高校体质健康管理中心、体育部、校医院、学生处、家庭等，管理平台主要由主管校长领导，如此才能保障大学生体质健康监控工作的有序开展，促进大学生体质健康水平的有效提升。

二、大学生体质健康监控的三个基本"面"

大学生体质健康状况不仅与其个人的发展、学校体育工作的开展直接相关，还与家庭、社会、国家息息相关。因此，在大学生体质健康监控中，学校体育、个人发展、家庭环境、社会环境及政府政策等各方各面的因素都涉及其中，监控"面"非常广，具体表

① 刘作鹏．烟台市初中生体质健康监控机制研究[D]．鲁东大学，2018.

现在以下三个方面。

(一)覆盖面

现阶段,主要由高校来开展大学生体质健康监控工作,学校教育层面是大学生体质健康监控的主要覆盖面。在高校体育工作中,大学生体质健康监控是非常重要的组成部分之一,从监控目标来看,具有“全覆盖”性,涉及领导协调机制、体质健康工作规划、制度保障、综合设施、监测评价与指导、监测管理等方面。从监控对象来看,在校大学生、体育教师以及负责大学生体质健康监控的部门负责人及相关人员等都在覆盖范围内。

(二)辐射面

在大学生体质健康监控的实施过程中,辐射范围主要包括以下几个层面。

1. 政府层面

政府制定体质健康相关政策与法规制度,从而为大学生体质健康监控工作的顺利开展提供保障。

2. 社会层面

大学生体质健康监控工作的开展离不开社会力量的参与,而且在监控中也会运用很多社会资源,这都是非常重要的外部条件,不可或缺。

3. 产业层面

在大学生体质健康监控中不可避免地会用到体质测试仪器,而且也需要健康管理机构的协同配合等,体质测试仪器设备的生产、健康管理机构的健康服务等都是经济领域的内容,与体育产业密切相关。这体现了大学生体质健康监控向产业层面的辐射。

4. 技术层面

近年来，先进科技在大学生体质健康监控中逐渐渗透，如利用先进的计算机网络技术建设大学生体质健康监控信息平台和网络指导服务系统等。

5. 家庭与个人层面

高校开展大学生体质健康监控工作，最基础的力量来源是大学生及其家庭的理解、支持和配合。大学生及其家庭成员支持与配合学校工作，能够积极影响更多的大学生及家庭，从而有利于推动大学生体质健康监控工作的顺利开展。

（三）受益面

大学生体质健康监控的受益面比较广，具体可以从以下几个方面体现出来。

第一，使大学生、教师、家长乃至全社会重新认识与深入理解“健康”的概念，使大学生形成良好的生活方式、养成自觉锻炼的习惯，增强大学生体质，促进大学生健康协调发展。

第二，推动高校体育课程的深入改革，为教育部门和学校的管理提供便利，建设综合性的体育课程体系，这里的综合性指的是“四个结合”，分别是基础性和发展性的结合、发展体能和社会适应能力的结合、行为性和表现性的结合以及科学性和人文性的结合。

第三，提高高校的人才培养质量，为社会和国家培养健康及全面协调发展的栋梁之才。

第三节　大学生体质健康监控机制的缺陷及优化

当前，我国大学生体质健康监控机制存在一些突出的问题，如组织体系、制度、内部动力机制以及管理等方面的问题，本节主要分析这些问题,并提出相应的优化建议。

一、大学生体质健康监控组织体系的缺陷与优化

(一)大学生体质健康监控组织体系的缺陷

1. 组织机构不健全

对大学生体质健康监控体系进行构建与完善,最基础的环节是建立组织机构。当前,我国很多高校都没有针对大学生体质健康问题设置专门的管理部门,建设体质健康测试中心或体质健康指导中心的高校也很少。高校主要由体育部门负责按照《国家学生体质健康标准》开展大学生体质测试工作并上报测试数据,而且在体质测试过程中,高校教务部门、校医务室也很少参与组织、检查、监督等相关工作,学校的心理健康中心也未能发挥自身的作用。这说明高校在大学生体质健康监控方面还未建立起较为完善的检查与监测机构,除体育部外,教务处、校医务室、学生处、心理健康中心等有关部门的作用没有充分发挥出来,由这些相关部门共同构成的体质健康管理机构有待建立与完善。

2. 组织职能不明确

按照有关规定,高校应严格依据《国家学生体质健康标准》的要求开展体质测试工作,地方教委应发挥检查、指导和监督的作用,并且在地方教委的领导下,地方的学生体质健康监测中心应将本地教、体、卫等领域的人才召集起来,积极开展大学生体质测试的相关服务工作,包括督查、监测、指导、评价和专题研究等,以配合教育行政管理部门的工作,并为高校开展体质健康监控与管理工作提供支持。各高校应将相关部门的优势资源整合起来,并调动各部门的积极性,组建专业测试人员队伍,对大学生体质测试数据进行客观分析与评价,再在此基础上为大学生提供一系列

的健康服务,包括健康咨询、制订健康促进计划和运动方案等,指导大学生科学锻炼,并对其锻炼动机、过程及结果进行监控,提高锻炼效果。最后,还要就大学生普遍存在的健康问题而进行专题研究。

但目前来看,虽然高校在深入落实《国家学生体质健康标准》,但大学生体质健康监控主体还是缺乏一定的监控意识。尽管一些地方建立了较为完善的体质健康监控体系,但监测中心内还是缺乏专门的部门来对接大学生体质健康监控的相关工作,而且监测中心的职权也不够明确。近几年,一些地方的体质健康监测中心将中小学生的体质健康监控作为工作重心,而忽视了对大学生体质健康的监控,这具体表现为在高校实施《国家学生体质健康标准》的过程中,缺乏有效的监督、检查和评比。

因为政府层面监控责任体系的缺失,加上各种主客观因素对监控过程的影响,目前较为完善的大学生体质健康监控体系还未形成,政府监控与高校内部监控相对独立,缺乏衔接,监控组织的职权尚且比较模糊,有待明确。

(二)大学生体质健康监控组织体系的优化建议

1. 健全与完善组织结构

教育行政部门在大学生体质健康监控方面发挥着主导作用,但教育行政部门这方面主导作用的发挥受到了很多因素的影响,这也是大学生体质测试工作没有达到系统化、常态化、专业化以及现代化要求以及监控工作效率低下的主要原因。各地必须建立"市级—区级—学校"的一体化监控组织机构(图 2-1),该机构以教育局为主导,其他组成单位是这个机构中不可缺少的监控小组,包括区域体质健康监测站、学校主管部门、学校体质健康测试中心。教育局明确地为各监控小组分配任务,通过各部门的协同努力而充分落实《国家学生体质健康标准》,促进大学生体质健康监控工作效率的提升。

2. 明确组织职能

教育行政部门管理人员是高校大学生体质健康的外部监控主体,监督并审查各高校的体质健康管理制度、每次统计测试数据后及时反馈与评价是外部监控主体的主要职责。教育行政部门还应设立专门的学生体质健康管理部门,对大学生体质测试工作进行合理规划、指导和安排是该部门的主要职责,与此同时还要对其他机构的工作予以辅助,促进监控工作顺利开展。

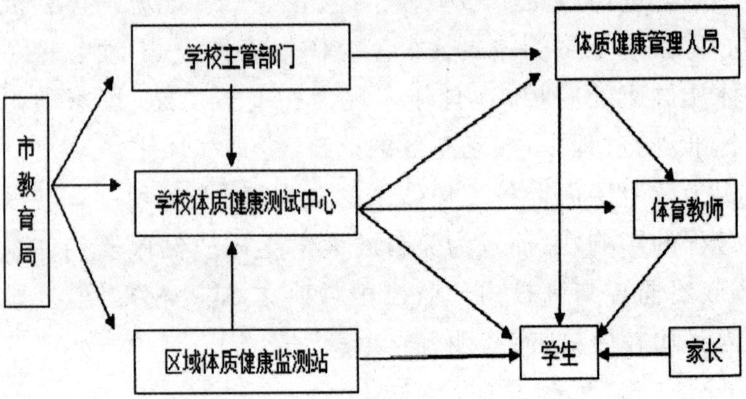

图 2-1[①]

高校内部对大学生体质健康的监控至关重要,有必要在高校内部建立体质健康监测中心,准确记录与高效采集大学生在体质测试中的数据、依据测试结果进行评价、给学生反馈评价结果、为学生和体育教师提出指导性意见等是该组织的主要职责。需要注意的是,参与大学生体质测试工作的相关人员要履行好自己的职责,尽心尽力完成自己的工作,工作人员之间要相互监督,共同努力提高监控工作的效率,最终达到预期的效果。

① 陆湘群. 上海大学生体质健康监控机制研究[D]. 东华大学,2013.

二、大学生体质健康监控制度的缺陷与优化

(一)大学生体质健康监控制度的缺陷

1. 监控制度不健全

兼具实体性和程序性的监控制度能够为大学生体质健康监控工作的顺利开展提供重要保障。监控制度主要发挥引导功能、控制功能以及规范功能,这些主要作用于监控组织与监控人员。建立与完善大学生体质健康监控机制,关键是要建设大学生体质健康监控制度,要求在制度规定的范围内发挥监控主体的作用,实现监控主体的职能,如此才能提高监控工作的规范性与有效性。在大学生体质健康监控中,按照《国家学生体质健康标准》进行体质测试是一项必不可少的重要手段,高校应按照相关规章制度的要求,结合《国家学生体质健康标准》的规定来开展体质测试工作。但我国很多高校在体质测试过程中只是按照《国家学生体质健康标准》的相关要求开展工作,没有其他可参考的制度,如测试管理制度、结果公告制度等,有的高校虽然建立了这方面的制度,但实际工作中也没有真正落实,这直接影响了体质测试效果。

2. 缺乏可操作的检查制度

当前,我国各地学生体质监测中心没有建立与大学生体质健康有关的针对性监控制度,监测中心在大学生体质健康管理方面基本处于失控状态。有关部门不重视大学生体质健康监控体系建设和制度建设,也没有明确大学生体质健康监控的标准及实施细则,所以即使监控过程中出现了违规行为,也无法参考相关制度、规则来进行合理评判。这也是高校执行《国家学生体质健康标准》的过程中检查与监督力度小的主要原因。与此同时,高校缺乏整体运作机制,有关部门缺乏服务意识,各部门之间也缺乏

沟通与配合,导致一些体质健康干预政策落实不到位。

目前,一些高校在大学生体质健康监控过程中,虽然建立并推行了《国家学生体质健康标准》测试制度、《国家学生体质健康标准》测试报告书制度、监测培训制度、公告制度和新生入学体质健康测试制度等,但操作性强的检查制度、专业人员上岗制度、监测仪器准入制度等还是处于空白状态,也未建立起相关的责任约束机制与激励机制,这些都会影响监控的效果。[①] 因此,有关部门及高校必须联合加强相关制度建设,如此才能保证大学生体质健康监控的科学性与规范性。

(二)大学生体质健康监控制度的优化建议

要想顺利开展大学生体质健康监控工作,就要加强对监控制度的建设与完善,并保证监控制度合理有效、可操作性强。在监控制度的建设中,要强调监督的规范性和干预的科学性,这样监控制度的作用才能得到最大程度的发挥。

1. 完善外部监控制度

从教育行政部门对高校大学生体质健康的监控来看,要以《国家学生体质健康标准》的有关规定为依据制定与大学生体质健康状况相符的体质健康监控政策,真正从法制层面完善监控机制,以便在法律的监督下顺利实施各项监控工作。

具体来说,需要完善的外部监控制度主要包括以下两项。

(1)定期监督检查制度

教育行政部门可以在高校年度工作评估中将高校体质测试工作的开展情况纳入评估范围内,着重对高校体质测试场地设施的配备状况、《国家学生体质健康标准》的落实情况、测试前的内容讲解情况以及测试后的反馈情况等进行审查。在结束体测工作后,优先通过上级部门的专业评价和学校的自我评价来总结此

① 陆湘群.上海大学生体质健康监控机制研究[D].东华大学,2013.

次体质测试工作的成功经验和需要改进的地方，并综合评价此次体质测试工作的开展情况，客观评分。在年度审核中，将这一评分作为一个审核标准，旨在使高校领导、教师以及大学生对体质健康测试予以重视，端正相关部门及人员的态度，最终促进大学生体质健康水平的提高。

(2)专业人员持证上岗制度

教育行政部门应严格制定关于大学生体质测试管理人员的专业培训规划，每年定期培训和进行专业考核，为考核合格者颁发证书。通过制定与落实持证上岗制度，能够促进大学生体质健康测试专业性、科学性的提升，并能从制度上支持大学生体质健康监控管理工作。

2. 完善内部监控制度

高校内部的监控制度非常重要，高校内部要定期审查校内相关部门，如教务处、体育部、校医务处、学生处、心理健康中心等，并在此基础上对大学生体质健康评价体系加以完善，加强对大学生的体质健康干预与管理。高校内部可结合教育行政部门的评估来制定校内审查与公告制度，有计划地开展体质健康监控工作。高校有必要建立专门的体质健康监控工作小组，该工作小组以分管校长或副校长为首，工作小组的主要职责是定期审查体质测试场地设备、相关部门工作状况、制度建设状况以及测试后的反馈情况，并在最后的审查结果出来后制作评估报告，评估报告要向全校师生公告，保证体质健康测试的公开性，获取师生的信任。

三、大学生体质健康监控内部动力机制的缺陷与优化

(一)大学生体质健康监控内部动力机制的缺陷

1. 缺乏认识、不够重视

在“健康第一”的指导思想下，高校要特别重视大学生的体质

健康。校领导应安排各有关部门按照《国家学生体质健康标准》的要求来组织实施体质测试工作，使学校体育部、医务室、心理健康中心以及其他相关部门都能积极参与其中，充分发挥作用，共同为提高大学生的体质健康水平而服务。但目前来看，无论是校领导，还是各有关部门，对大学生体质健康、《国家学生体质健康标准》的实施以及体质健康监控都缺乏一定的认识，且未从思想上予以重视，因此实践工作开展不力。

2. 缺乏内在动力

对于高校体育卫生工作，教育行政部门主要发挥决策、管理功能，具体表现为建设监测网络、开展体质健康监测工作、构建体质健康监控体系等。教育行政部门对高校体育卫生的全方位管理有助于充分调动社会力量，使学校体育卫生工作的开展获得更多的支持。但当前我国大学生体质健康监控中存在重测试、轻指导干预的问题，高校领导、主管人员乃至上级主管部门等对指导干预普遍不够重视，一些高校甚至只是为了完成上级部门下达的任务而开展体质健康工作。

大学生体质测试人员及其他相关管理人员中不乏高学历者，但这些人很少有机会将自己的专业特长发挥出来，甚至有些人在工作过程中缺乏主观能动性，服务意识不强，这也是大学生体质健康监控比较被动的主要原因之一，而且有时候并不是实际意义的监控，只是简单的体质监测行为。

从大学生体质健康监测管理的目标来看，学校片面追求测试数据的上报率，而将上报数据的真实性、准确性忽视了。有些学校甚至认为教育部只是看有多少学校上报了数据，而不看具体数据和核实数据的真实性，所以抱着侥幸心理弄虚作假。正是因为存在这样落后的观念和错误的认识，高校才迟迟没有形成完整的体质健康监控体系，对大学生体质健康的检查评价和干预指导都处于缺失状态。此外，因为在大学生体质监控过程中缺乏对相关部门的监督与业绩考核，责任约束制度和奖惩制度也是空白的，所以导致校内外的体质健康监控缺乏内在动力，体质健康监控工作未能层层落实，制约了大学生体质健康水平的提升。

（二）大学生体质健康监控内部动力机制的优化建议

1. 提高监控人员的素养

大学生体质健康监控工作的开展需要大量专业监控人员的积极参与。监控人员自身的道德素养、业务素养、对监控工作的认知与重视程度等直接影响监控工作开展的质量和监控体系功能的发挥。各层次监控组织人员（从负责人和相关部门的组成成员，到校长、学校体质健康监测中心负责人、体育教师、专业管理人员等）在监控工作中是否积极主动、是否敬业，直接受其职业道德品质素养高低的影响。道德素养高的监控人员对体质健康测试工作更加重视，在工作中也更加积极。因此，培养与提高监控人员的道德素养至关重要。

首先要明确监控人员的权利、职责和义务，然后采取教育手段使其明确自己在监控过程中如何正确行使权力和履行义务，增强监控人员的责任心，提高他们的工作热情与自律性，使其能够在相关制度规定的范围内自觉完成监控测试工作。

2. 建立责任约束机制和激励机制

（1）责任约束机制

在大学生体质健康监控中，相关负责人和各部门的工作人员都要对自己的权利、职责有清楚的认识，这样在工作过程中才能做到心中有数。例如，开展体质测试工作时，工作人员应当提前检查场地和仪器设备，若测试过程中因场地器材出现问题而耽误了进程，就要追究相关工作人员的责任。又如，在正式开始体质测试之前，教育部门主要负责人要和执行测试人员签订协议书，将各自应当承担的责任明确下来，以便以后出现问题可以追责。

建立责任约束制度有助于各有关部门合理调配人力资源和物力资源，充分发挥各自的资源优势，此外，还有助于构建“测试—整理—上报—分析评价—反馈—指导干预”的良性循环机制。在体质健康监控过程中不断改进与完善责任约束制度，能够使监控人员最大限度地发挥自己的主观能动性和作用。

(2)激励机制

建立与完善责任约束机制后，要对相配套的激励机制加以制定。上级部门肯定、鼓励与支持高校的体质健康测试工作，能够有效提高高校各部门工作的积极性和工作质量。通过建立合理的激励机制，奖励优秀工作人员，使其获得物质上的报酬和精神上的满足，这样他们工作的积极主动性就能长期得以保持。上级部门也可以组织一些评比活动，主要评比《国家学生体质健康标准》在各高校中的落实情况，为落实较好的高校资助一定数额的经费。对于在大学生体质健康测试监控中表现优秀和有突出贡献的体育教师，可以在职称评比中优先考虑，并提高其工资水平。对于体质测试成绩优秀的学生给予一定奖励，可将该成绩纳入期末考核成绩中，在评选优秀干部、三好学生时也可将此作为参考依据，这有助于激发大学生参加体育锻炼，自觉提高自己的体质健康水平，争取在体质测试中取得好成绩。

总之，对责任约束机制和激励机制进行建立与完善，旨在提高各管理部门对监控工作的重视程度，避免工作态度不认真、责任分工不明确、相互推脱、测试数据不真实等问题在大学生体质健康监控中出现，促进各项监控工作的顺利开展，提高监控工作效率，实现预期监控目标，最终提高大学生体质健康水平。

四、大学生体质健康监控管理的缺陷与优化

(一)大学生体质健康监控管理的缺陷

1. 监测工具标准尚未统一

要顺利开展体质测试工作，就要具备良好的场地条件和设施

条件，这是实施《国家学生体质健康标准》的基础条件。目前，我国各高校基本都具备这一基础条件，但相关部门并未明确规定大学生体质测试仪器的规格和标准。同时，据相关调查显示，高校体质测试工作人员及受试者对高校的测试器材满意度较低，主要原因是仪器设备不具备良好的稳定性、准确性和耐用性。虽然高校自己购买的测试仪器都是经过认证机构认证的合格产品，但在使用过程中还是会或多或少出现质量问题，这与生产厂家的技术水平有关，也与高校购买后的使用、保养及管理有关。体质测试过程中仪器设备出现问题，说明有关部门对大学生体质健康测试的基础工作没有严格把关。因为不同高校使用的测试仪器在规格、质量上有差异，所以测试数据不准确也在所难免，这直接影响了体质健康监控工作的顺利进行。

2. 上报数据的真实性有待提高

目前，我国高校普遍都是自己组织在校大学生进行体质测试，然后在规定时间内向国家学生体质健康标准数据管理中心上报测试数据，即自测自报。据统计，高校大学生体质测试数据的上报率在不断提升，但难以验证上报数据的真实性，抽样调查中经常发现不真实的数据。

3. 反馈不及时

在大学生体质健康监控中，客观评价大学生体质测试结果，并予以反馈，能够为制订大学生体质健康干预方案提供基础依据。大部分高校的网站系统都能分析大学生的体质测试数据，但向学校各部门及全体师生公布详细分析报告的高校却很少。一些高校组织大学生体质健康测试，只是为了完成任务，即在规定时间内上报数据，所以在测试过程中缺少必要的检查与严格的监控，测试结果缺乏真实性，无法真实反映学生的健康状况，再加上没有从专业角度评价测试结果，最终便影响了测试信息的及时反馈。

反馈不及时的问题同样存在于外部监控中，很多地方的学生体质健康监测中心平时缺乏对高校大学生体质健康的日常管理及监督，只是要求高校在规定时间内上报大学生体质测试数据，而且对于各校上报的数据，学生体质健康监测中心也没有进行专业验证和客观评价，更没有依据测试结果而提供体质健康干预方案或运动处方。

4. 指导干预被忽视

大学生体质健康监控是一个系统过程，组织大学生进行体质测试只是前期工作，后续还要根据测试结果而进行有针对性的干预，正确的干预与指导才是提高大学生体质健康水平的关键。但目前我国各高校中，在体质测试工作结束后根据测试结果为大学生提供干预处方、改革体育教学及开展课外活动的高校并不多，也就是说学校忽视了对大学生体质健康的科学干预，忽视了对大学生体育锻炼的科学指导，这影响了大学生体质健康监控的完整性、系统性及实效性，也难以实现预期的监控目标。

（二）大学生体质健康监控管理的优化建议

加强大学生体质健康监控管理，关键是要构建科学合理的网络信息管理平台，具体可从以下两方面着手。

1. 规范仪器设备，完善管理系统功能

第一，统一规范高校大学生体质测试的仪器设备，可以由国家教育部选择测试仪器制造商，并制定相关文件，各高校在体质测试中统一使用该制造商生产的产品。在条件允许的情况下，教育部可统一定制测试仪器，然后下发给各高校，这不仅能够保证各高校体质测试仪器设备的统一性，还能使各高校的财政压力得到缓解。与此同时，也要继续建立各地的监测站，在监测站配备数量充足的专业管理人员，并给予足够的经费支持，以促进监测站的顺利运作，高效完成监测任务。

第二，加强对管理系统的完善。在体质测试中采用的仪器设备要符合上级部门提出的标准，利用标准化的仪器记录采集学生的体测数据，然后进行整理，将整理后的数据上报到系统，系统对这些数据进行分析和评价，要将采集、整理、上报、分析评价等各环节有机融合起来。各高校在新学期应在管理系统中上传所有在校学生的个人信息，并制作学生卡，再连接测试仪器与管理系统，确保信息顺利传输，这样能够同时完成采集数据与上传数据的工作。日常体质测试要求学生刷卡测试，这样既可以节省时间，也可以防止出现找人替测的现象，保证测试数据可以将学生的真实体质健康状况反映出来，这也能够为专业人员进行准确的分析评价提供真实的数据，体质测试工作的专业化水平也会不断提高。

2. 建立监测服务系统

通过监测服务系统能够对测试数据及时进行整理，将整理后的数据反馈给相关部门，部门以此为依据而对大学生体质健康进行具有针对性的干预，提供具体的指导方案与运动处方。

监测服务系统应从实际需要出发，综合评定不同年级、不同性别和城乡学生的体质测试数据和平均值，还应该进行横向与纵向对比，并详细统计不同等级（优秀、良好、及格、不及格）的比例和达标率。多角度、全方位的对比分析能够更全面地将大学生的体质现状反映出来，从而为政府部门制定和修改体质健康相关政策提供现实依据。

第四节　大学生体质健康监控服务体系及其构建

一、大学生体质健康监控服务体系的概念

大学生体质健康监控服务指的是为满足大学生体质健康需求并对其过程实施监控指导而提供的产品和行为的总称。大学

生体质健康监控服务体系指的是由满足大学生体质健康需求并对其过程实施监控指导的要素构成的有机整体。[①]

二、大学生体质健康监控服务体系的科学构建

(一)以指导思想为根本宗旨

构建大学生体质健康监控服务体系,首先要明确基本指导思想,然后以此为根本宗旨。大学生体质健康监控服务体系构建的指导思想是"关注健康,关注学生,为建构大学生体质健康监控服务体系,服务广大高校学生,须本着发扬'一切为了学生,为了一切学生'的奉献精神,坚持面向全体学生,以增进学生健康,强健学生体魄,增强学生体质为根本目标,立足于现实,着眼于学生终身体育发展的需要,高度重视对学生终身体育意识、兴趣、习惯和能力的培养,为提高全体大学生身体、心理与社会适应等整体健康水平服务"。[②] 在这一思想的指导下,政府和高校有关部门要积极探索对大学生体质健康进行干预的科学手段,积极探讨针对大学生的健康教育策略,培养大学生的体育锻炼习惯。

(二)以政策法规为基本保障

在大学生体质健康监控方面,政府部门出台的政策法规发挥了举足轻重的作用,其有力保障了体质健康监控工作的顺利开展。因此,构建大学生体质健康监控体系,自然要以政策法规为基本保障。只有政府从政策上加以干预,加强监督与管理,才能更好地落实体质健康监控服务。需要注意的是,政府政策在大学生体质健康管理中主要起间接调控的作用,而发挥直接调控作用的是各级教委,他们是大学生体质健康的管理主体,但直接调控

---

① 周伟,陈莉,郭敏刚．我国大学生体质健康监控服务体系的历史演进研究[J].安徽体育科技,2017,38(03):72-75.

② 同上。

也要以政府的权利为依托。

政府出台的政策只有真正落到实处，才能发挥其作用，高校要积极响应政府的号召，充分落实相关政策法规，并以政府政策为依据而制定具体的体质健康监控措施，培养学生的终身体育观念，为学生的健康提供良好的服务。

总之，加强政府的政策干预，加大政府部门的监管力度，对大学生体质健康监控的内容不断加以深化与完善，这是健全大学生体质健康监控服务体系的长效机制。

（三）以考核评估为核心内容

对大学生体质健康状况进行检验时，最直接和最有效的方式就是考核评估，这也是对大学生体质健康监控服务成果进行检验的核心手段。要使大学生体质健康监控服务的开展得到保障，就要满足仪器设施准确、项目测试合理、考核评估方式科学、数据上传真实等几个基本条件。在大学生体质健康考核评估中，需要解决的首要问题就是完善高校软硬件设施，硬件方面主要是统一测试仪器和评判标准，软件方面主要是挑选道德素质好、专业水平高的测试人员对大学生进行考核评估。对大学生体质进行考核与评估，要做到公平、公正、公开，针对不同年龄和性别的学生选择不同的测试项目，评估标准也要合理，测试后要公开测试结果，并根据测试结果提供运动处方。

（四）以网络平台为未来动向

在信息时代构建大学生体质健康监控服务体系时，要充分利用互联网资源，构建网络管理平台，加强信息化管理，提高大学生体质健康监控系统的运作效率。

现阶段，我国各级学生体质健康监测中心建立了学生体质健康数据平台，并对数据上报、数据分析等功能进行了完善，而且还开发了网络信息公共平台，因此学生体质测试数据上报所耗费的时间较之前明显缩短，体质监测工作效率得以大大提高。构建大学生体质监测的网络信息平台，要注意平台的多功能性，以准确采集数据、全面分析数据、快速上传数据，提高监测的专业性与效率。此外，构建大学生体质健康监控网络平台，离不开政府出台政策、高校落实《国家学生体质健康标准》以及大学生的积极配合，如此才能提高网络平台的运作效率，真正发挥网络平台的监管作用。

第三章 大学生体质健康测评与预警机制构建

高校组织大学生体质测试与评价是了解大学生体质健康状况最直接的方式。大学生体质健康测评与体质健康预警相辅相成,能够为大学生提供比较详细的体质健康信息,从而提高大学生对自身体质状况的关注度,进而使其产生改善体质、增进健康的需求,这又为大学生体质健康的内外干预提供了便利条件。本章主要就大学生体质健康测评与预警机制构建进行研究,首先分析大学生体质健康测试与评价的内容与方法,然后对大学生体质健康的第三方监测及预警机制的科学构建展开研究。

第一节 大学生体质健康测试与评价

一、身体形态的测试与评价

在身体形态测评中,选择测量点很重要,一般以皮肤标记点和骨性标记点作为参考来确定身体形态的测量点,这两类标记点分别如图 3-1 和图 3-2 所示。

下面分析身体形态测试的主要项目与方法。

(一)身高

1. 测量仪器

身高坐高计。

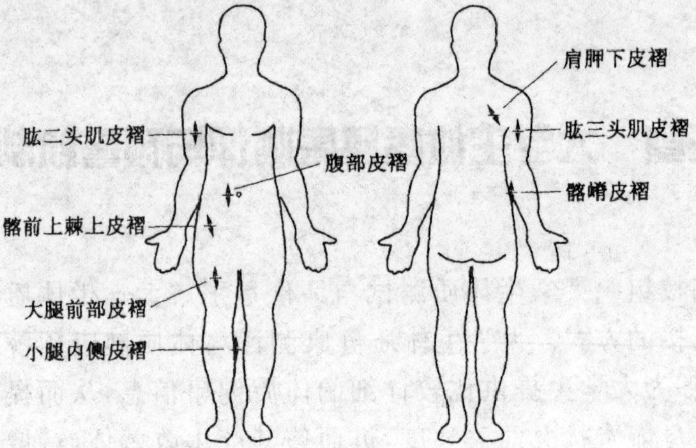
肩胛下皮褶
肱二头肌皮褶
肱三头肌皮褶
腹部皮褶
髂嵴皮褶
髂前上棘上皮褶
大腿前部皮褶
小腿内侧皮褶

图 3-1

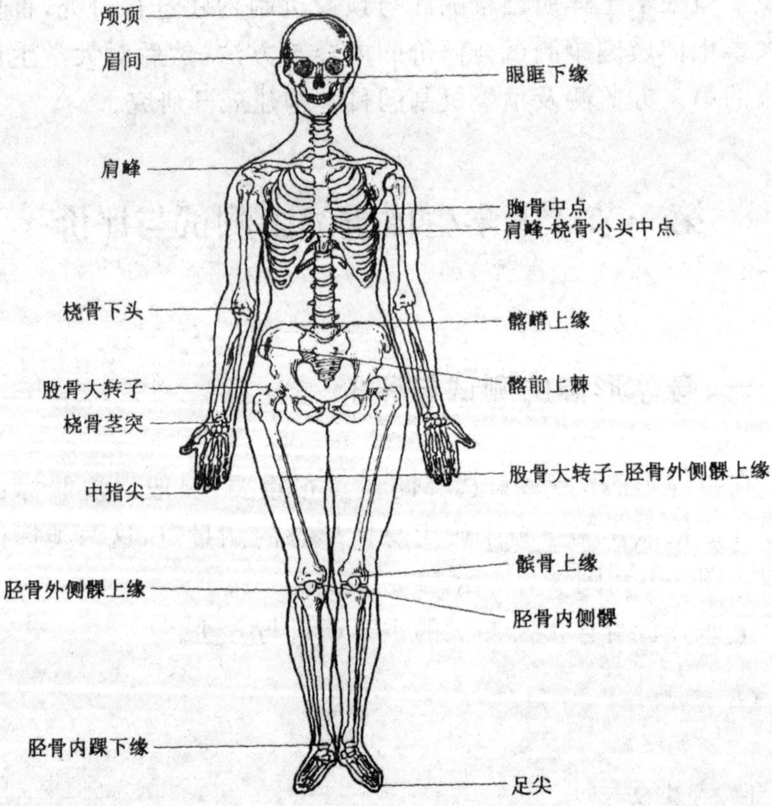
颅顶
眉间
眼眶下缘
肩峰
胸骨中点
肩峰-桡骨小头中点
桡骨下头
髂嵴上缘
髂前上棘
股骨大转子
桡骨茎突
股骨大转子-胫骨外侧髁上缘
中指尖
髌骨上缘
胫骨外侧髁上缘
胫骨内侧髁
胫骨内踝下缘
足尖

图 3-2

2. 测量方法

受试者在仪器底板上立正站好，两肩胛、骶骨、足跟紧贴立柱。将水平压板下滑至学生头顶点，读数时双眼与压板水平面等高，然后记录数值(图 3-3)。

测试误差在 0.5 厘米以下。

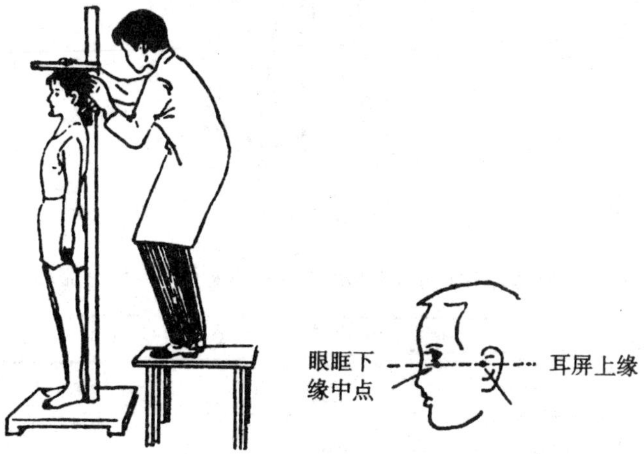

图 3-3

(二)体重

1. 测量仪器

杠杆秤或电子体重计。

2. 测量方法

调整杠杆秤 0 点至刻度尺水平位，受试者轻踩在秤台中央，测试人员放置适当砝码并移动游标至刻度尺平衡，读数记录(图 3-4)。

测试误差在 0.1 千克以下。

3. 评价

采用体重指数评价大学生的体重，体重指数(BMI)＝体重(千克)/身高^2(米^2)。根据《国家学生体质健康标准》，大学生体重指数测试评分标准见表 3-1。

图 3-4

表 3-1　大学生体重指数(BMI)测试评分标准(单位:千克/米^2)

等级	得分	男生	女生
正常	100	17.9～23.9	17.2～23.9
低体重	80	≤17.8	≤17.1
超重		24.0～27.9	24.0～27.9
肥胖	60	≥28.0	≥28.0

(三)身体姿势

1. 场地设备

在距离屏幕 0.9 米的地方悬挂一条系着锥形重物的重锤线，通过锥尖投影与地面交点分别引一条平行于屏幕和垂直于屏幕的短线，再从此点开始沿垂直线向后引一条平行于该垂直线的短线，这两条平行线间隔 3 米。

2. 测量方法

(1)受试者面向屏幕站在锥尖投影与地面的交点处，使重锤线沿着头后与脊柱重叠，测试人员在 3 米交叉点处观察受试者身体各部位的左右偏差。

(2)受试者整个身体向左转 90°,使重锤线经耳屏点、肩峰点、大转子点至外踝点,测试人员从侧面观察受试者身体各部位的前后偏差情况。

3. 评价

对照图 3-5 中的标准,完全符合正确姿势、差异不明显、差异明显分别记 5 分、3 分和 1 分,身体各部位成绩相加计算总分。总分对应的成绩见表 3-2。

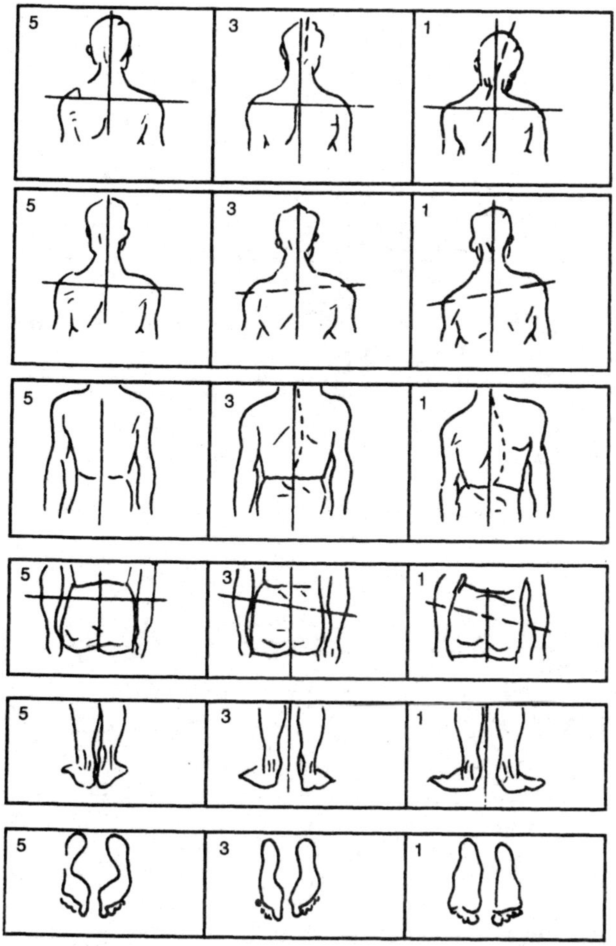

(Ⅰ)

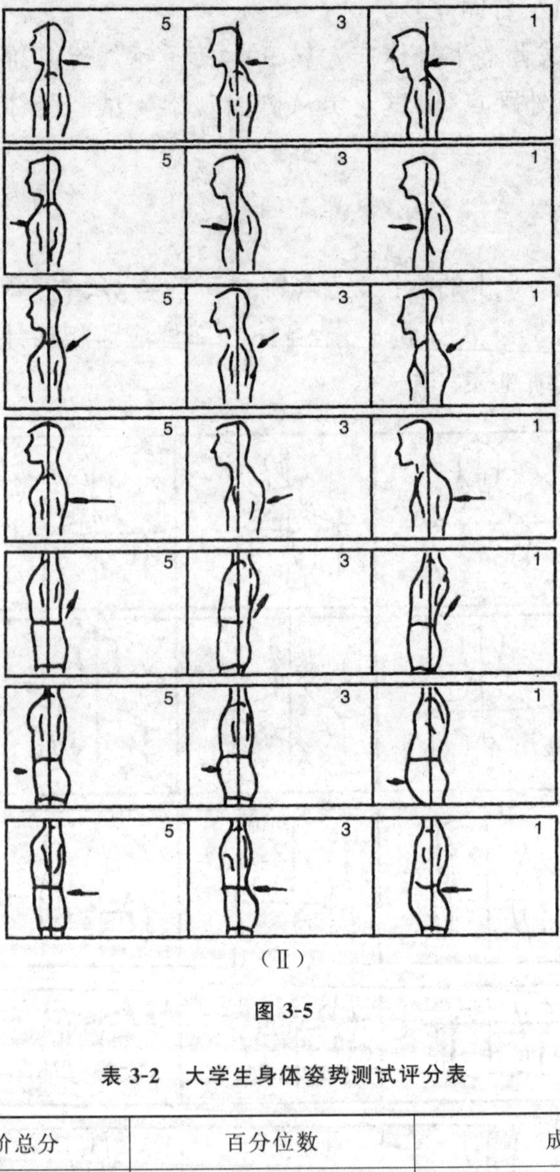

（Ⅱ）

图 3-5

表 3-2　大学生身体姿势测试评分表

姿势评价总分	百分位数	成绩
—	99	10
65	98	9
63	93	8
61	84	4
59	69	6

续表

姿势评价总分	百分位数	成绩
57	50	5
53～55	31	4
49～51	16	3
43～47	7	2
39～41	2	1
13～37	1	0

二、身体机能的测试与评价

（一）心血管系统机能测评

安静时心率是测量心脏机能的重要指标之一，为确保测量的准确性，建议连续一周重复测量基础心率，记录测量结果，最后通过计算平均值和波动差值进行评价。

1. 测量仪器

秒表计时器。

2. 测量方法

一周内每天清晨测量静卧、空腹、清醒等不同状态下的晨脉，做好记录。

3. 评价

平均基础心率＝1 周心率之和/7。对应表 3-3（基础心率均值评价表）进行评价。

表 3-3　基础心率均值测试评价表

心率	一	二	三	四	五	六	日	均值评价
95								基础心率太快，心脏功能很差，应及时检查 评价等级：差
94								
93								
92								
91								
90								
89								
88								
87								
86								基础心率很快，心脏功能较差，缺乏锻炼 评价等级：下
85								
84								
83								
82								
81								
80								
79								
78								
77								基础心率较快，心脏功能一般，可承受的运动强度较小 评价等级：中
76								
75								
74								
73								
72								
71								
70								

续表

心率	一	二	三	四	五	六	日	均值评价
69								基础心率正常，心脏功能较好，保持锻炼 评价等级：良
68								
67								
66								
65								
64								
63								
62								基础心率较慢，心脏功能好 评价等级：优
61								
60								
59								
58								
57								
56								
55								

心率波动差值＝1周基础心率中的最大值－最小值，对照表3-4(基础心率波动差值评价表)评价心脏机能。

表3-4　基础心率波动差值测试评价表

等级	周基础心率均值	周基础心率波动值
优	55	1～3
良	65	4～6
中	75	7～9
下	85	10～12
差	90	13以上

(二)呼吸机能测评

安静时肺活量是反映呼吸机能的重要指标。

1. 测量仪器

浮筒式肺活量计。

2. 测量方法

受试学生面对仪器而立，做1～2次扩胸运动或深呼吸，双手握住吹气嘴，先尽力吸气，然后嘴对着吹气嘴尽力呼气到不能再呼。此时，测试人员关闭气口的开关，待浮筒平稳后，读数记录，每位受试者测3次，每测完一次休息15秒，最后取三次成绩中的最佳成绩。

3. 评价

根据《国家学生体质健康标准》，大学生肺活量评价标准见表3-5。

表3-5　大学生肺活量测试评价标准(单位:毫升)

等级	成绩	大一、大二男生	大三、大四男生	大一、大二女生	大三、大四女生
优秀	100	5 040	5 140	3 400	3 450
	95	4 920	5 020	3 350	3 400
	90	4 800	4 900	3 300	3 350
良好	85	4 550	4 650	3 150	3 200
	80	4 300	4 400	3 000	3 050
及格	78	4 180	4 280	2 900	2 950
	76	4 060	4 160	2 800	2 850
	74	3 940	4 040	2 700	2 750
	72	3 820	3 920	2 600	2 650
	70	3 700	3 800	2 500	2 550
	68	3 580	3 680	2 400	2 450
	66	3 460	3 560	2 300	2 350
	64	3 340	3 440	2 200	2 250
	62	3 220	3 320	2 100	2 150
	60	3 100	3 200	2 000	2 050

续表

等级	成绩	大一、大二男生	大三、大四男生	大一、大二女生	大三、大四女生
不及格	50	2 940	3 030	1 960	2 010
	40	2 780	2 860	1 920	1 970
	30	2 620	2 690	1 880	1 930
	20	2 460	2 520	1 840	1 890
	10	2 300	2 350	1 800	1 850

(三)运动感觉机能测评

这里主要分析动觉性运动障碍测试的方法。

1. 场地器材

场地如图 3-6 所示,需准备 12 把椅子、皮尺、蒙眼布。

2. 测量方法

正式测试前,受试者在不蒙眼睛的条件下测试一次,目的是便于在正式测试时快速进入状态。正式测试时,受试者先蒙眼,从起点开始前进,注意躲避障碍物(椅子)。前进中没有踩边线和碰到障碍物,则算顺利通过,每通过一个站得 10 分。若碰到椅子,减 10 分,此时测试人员将受试者引到对应的中心线处,受试者后退一步重新前进。若踩到边线,减 5 分,然后回到中心线处重新前进。

3. 评价

评价标准见表 3-6。

表 3-6　动觉性运动障碍测试评价标准

等级	男	女
优	90～100 分	＞80 分
良	70～89 分	70～79 分
中	50～69 分	60～69 分
下	41～49 分	41～59 分
差	＜40 分	＜40 分

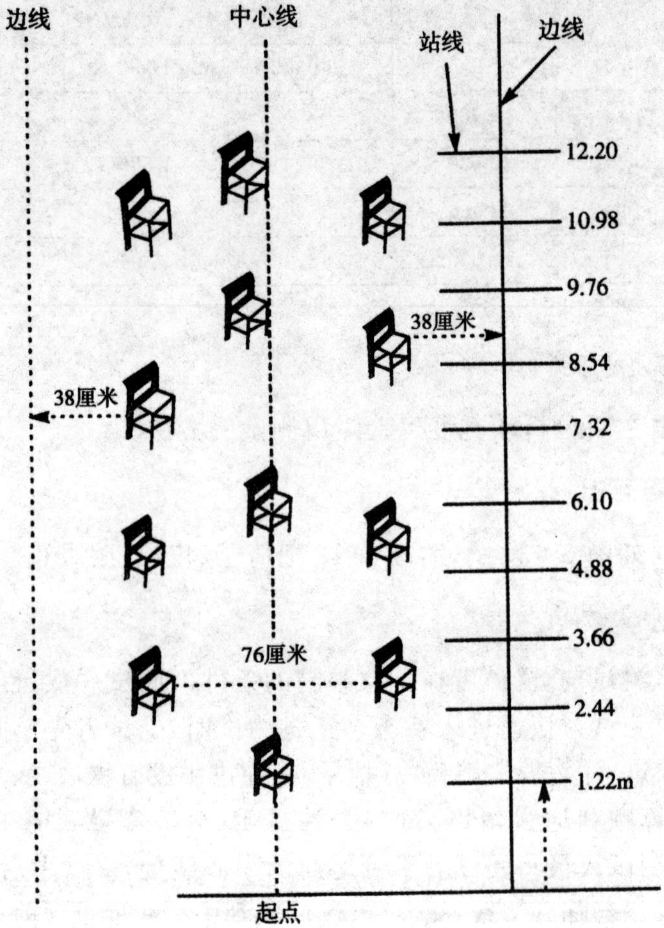

图 3-6

三、身体素质的测试与评价

(一)力量素质测评

1. 引体向上(男)

(1)测量器材

高单杠。

（2）测量方法

受试者双手正握单杠，直臂悬垂，身体保持静止后，两臂发力带动身体向上，直至下颌超过横杠上缘，然后还原，反复如此，测试人员记录标准动作的次数（图 3-7）。

图 3-7

（3）评价

完成次数越多，说明受试者上肢肌群和肩带肌群的力量越好。

根据《国家学生体质健康标准》，男大学生引体向上测试评分标准见表 3-7。

表 3-7　男大学生引体向上测试评分标准（单位：次）

等级	成绩	大一、大二	大三、大四
优秀	100	19	20
	95	18	19
	90	17	18
良好	85	16	17
	80	15	16

续表

等级	成绩	大一、大二	大三、大四
及格	76	14	15
	72	13	14
	68	12	13
	64	11	12
	60	10	11
不及格	50	9	10
	40	8	9
	30	7	8
	20	6	7
	10	5	6

2. 1 分钟仰卧起坐(女)

(1)测量器材

软垫、秒表。

(2)测量方法

受试者仰卧在软垫上,屈膝呈 90°,双手十指交叉抱在脑后,同伴握住其踝关节。测试开始,受试者收腹坐起,双肘过膝,然后还原,反复如此,计时 1 分钟。记录 1 分钟内标准的仰卧起坐次数。

(3)评价

完成次数越多,说明受试者腹部肌肉力量越好。

根据《国家学生体质健康标准》,女大学生 1 分钟仰卧起坐测试评分标准见表 3-8。

表 3-8　女大学生 1 分钟仰卧起坐测试评分标准(单位:次)

等级	成绩	大一、大二	大三、大四
优秀	100	56	57
	95	54	55
	90	52	53
良好	85	49	50
	80	46	47
及格	76	42	43
	72	38	39
	68	34	35
	64	30	31
	60	26	27
不及格	50	24	25
	40	22	23
	30	20	21
	20	18	19
	10	16	17

(二)速度素质测评

下面分析 50 米跑的测试方法。

1. 测量器材

哨子、秒表、发令旗等。

2. 测量方法

两人一组,发令员吹哨,同时摆动发令旗,受试者听到哨声后快速跑向终点,计时员开表计时,受试者到达终点线则计时停止,记录所用时间(精确到 0.1 秒)。每位受试者测 2 次,最后取最佳一次成绩。

3. 评价

50 米跑所用的时间越短，说明受试者快速跑动能力越强。

根据《国家学生体质健康标准》，大学生 50 米跑测试评分标准见表 3-9。

表 3-9 大学生 50 米跑测试评分标准(单位:秒)

等级	成绩	大一、大二男生	大三、大四男生	大一、大二女生	大三、大四女生
优秀	100	6.7	6.6	7.5	7.4
	95	6.8	6.7	7.6	7.5
	90	6.9	6.8	7.7	7.6
良好	85	7.0	6.9	8.0	7.9
	80	7.1	7.0	8.3	8.2
及格	78	7.3	7.2	8.5	8.4
	76	7.5	7.4	8.7	8.6
	74	7.7	7.6	8.9	8.8
	72	7.9	7.8	9.1	9.0
	70	8.1	8.0	9.3	9.2
	68	8.3	8.2	9.5	9.4
	66	8.5	8.4	9.7	9.6
	64	8.7	8.6	9.9	9.8
	62	8.9	8.8	10.1	10.0
	60	9.1	9.0	10.3	10.2
不及格	50	9.3	9.2	10.5	10.4
	40	9.5	9.4	10.7	10.6
	30	9.7	9.6	10.9	10.8
	20	9.9	9.8	11.1	11.0
	10	10.1	10.0	11.3	11.2

(三)耐力素质测评

下面分析 800 米跑(女)或 1 000 米跑(男)的测试方法。

1. 场地器材

田径场地,秒表、口哨、发令旗等。

2. 测量方法

两人一组,发令员吹哨,同时摆动发令旗,受试者听到哨声后快速起跑,计时员开表计时,受试者跑完全程后停止计时,记录时间(精确到 0.1 秒)。

3. 评价

所用时间越短,说明受试者耐力越好。

根据《国家学生体质健康标准》,大学生耐力跑测试评分标准见表 3-10。

表 3-10 大学生耐力跑测试评分标准(单位:分・秒)

		1 000 米(男)		800 米(女)	
等级	成绩	大一、大二	大三、大四	大一、大二	大三、大四
优秀	100	3′17″	3′15″	3′18″	3′16″
	95	3′22″	3′20″	3′24″	3′22″
	90	3′27″	3′25″	3′30″	3′28″
良好	85	3′34″	3′32″	3′37″	3′35″
	80	3′42″	3′40″	3′44″	3′42″

续表

等级	成绩	大一、大二	大三、大四	大一、大二	大三、大四
及格	78	3′47″	3′45″	3′49″	3′47″
	76	3′52″	3′50″	3′54″	3′52″
	74	3′57″	3′55″	3′59″	3′57″
	72	4′02″	4′00″	4′04″	4′02″
	70	4′07″	4′05″	4′09″	4′07″
	68	4′12″	4′10″	4′14″	4′12″
	66	4′17″	4′15″	4′19″	4′17″
	64	4′22″	4′20″	4′24″	4′22″
	62	4′27″	4′25″	4′29″	4′27″
	60	4′32″	4′30″	4′34″	4′32″
不及格	50	4′52″	4′50″	4′44″	4′42″
	40	5′12″	5′10″	4′54″	4′52″
	30	5′32″	5′30″	5′04″	5′02″
	20	5′52″	5′50″	5′14″	5′12″
	10	6′12″	6′10″	5′24″	5′22″

(四)柔韧素质测评

下面分析坐位体前屈的测试方法。

1. 测量器材

坐位体前屈测量计、薄垫子。

2. 测量方法

如图 3-8 所示，受试者坐在垫子上，两腿伸直，脚跟并拢，脚尖分开踩在测量计平板上，上体前屈，两臂伸直，手心朝下，用双手中指指尖推动游标直至不能再推。记录游标所对应的数值(精确到 0.1 厘米)。测 2 次，取最佳一次成绩。

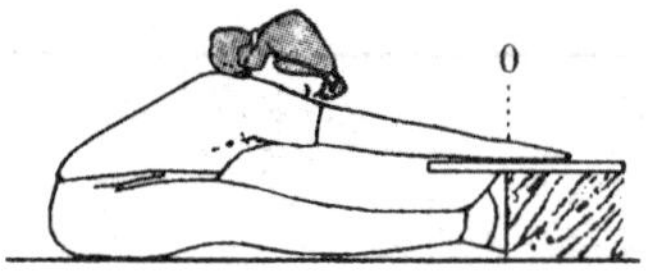

图 3-8

3. 评价

测量值越大,说明躯干和下肢韧带的柔韧性和弹性越好。

根据《国家学生体质健康标准》,大学生坐位体前屈测试评分标准见表 3-11。

表 3-11 大学生坐位体前屈测试评分标准(单位:厘米)

等级	成绩	大一、大二男生	大三、大四男生	大一、大二女生	大三、大四女生
优秀	100	24.9	25.1	25.8	26.3
	95	23.1	23.3	24.0	24.4
	90	21.3	21.5	22.2	22.4
良好	85	19.5	19.9	20.6	21.0
	80	17.7	18.2	19.0	19.5
及格	78	16.3	16.8	17.7	18.2
	76	14.9	15.4	16.4	16.9
	74	13.5	14.0	15.1	15.6
	72	12.1	12.6	13.8	14.3
	70	10.7	11.2	12.5	13.0
	68	9.3	9.8	11.2	11.7
	66	7.9	8.4	9.9	10.4
	64	6.5	7.0	8.6	9.1
	62	5.1	5.6	7.3	7.8
	60	3.7	4.2	6.0	6.5

续表

等级	成绩	大一、大二男生	大三、大四男生	大一、大二女生	大三、大四女生
不及格	50	2.7	3.2	5.2	5.7
	40	1.7	2.2	4.4	4.9
	30	0.7	1.2	3.6	4.1
	20	−0.3	0.2	2.8	3.3
	10	−1.3	−0.8	2.0	2.5

(五)灵敏素质测评

下面分析象限跳的测试方法。

1. 测量仪器

秒表。

2. 测量方法

受试者在起点线后双脚并立,按起点→1→2→3→4→1 的顺序反复跳跃,双脚同时跳起和着地,持续 10 秒,跳入 1 个象限计 1 次,若踏线或跳错象限,1 次减 0.5 次(图 3-9)。测 2 次,取最佳一次成绩。

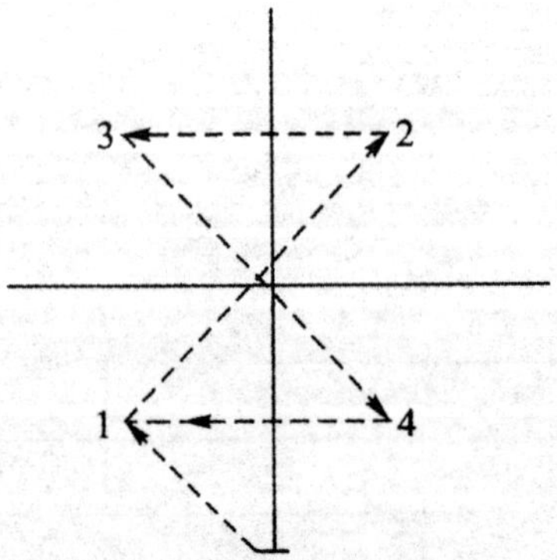

图 3-9

3. 评价

规定时间内累计次数越多，说明支配肌肉运动和克服身体惯性的能力越强。评价标准见表3-12。

表3-12　象限跳测试评价标准(单位：次)

等级	男生	女生
优	≥31	≥33
良	25～30	27～32
中	13～24	14～26
下	7～12	8～13
差	0～6	0～7

第二节　大学生体质健康的第三方监测

当前，我国高校大学生体质健康测试中存在一些问题，如《国家学生体质健康标准》落实不到位；体质测试没有达到公平、公正、公开的要求；后续干预工作不到位等。鉴于此，将第三方监测机制引入大学生体质健康监测中很有必要。

一、在大学生体质健康监测中引入第三方监测机制的意义

教育部明确指出，在各高校将大学生体质测试数据上报后，委托第三方机构综合分析测试数据，并进行客观评价，能够使体质监测更专业、公正。要使《国家学生体质健康标准》在各高校得到充分落实，就需要科学构建第三方监测机制。构建这一机制能够使教育部的行政负担减轻和监测成本降低，同时也能够避免高校因测试场地不足、监测仪器不标准、监测人员专业素养差等问

题而对体质监测工作造成不良影响,从而进一步规范大学生体质监测,提高监测效率与效果。下面,从两个方面来探讨在大学生体质健康监测中引入第三方监测机制的重要意义。

(一)保证监测过程的公正性

1. 监测工具统一

高校大学生体质健康测试中之所以存在测试数据不准确、衡量标准不统一等问题,主要原因之一是不同院校采用的测试仪器不同。有些院校硬件条件差,体质测试中使用的仪器比较粗糙,不符合相关标准,导致测试结果有误差。同时,有些测试要求在具体操作中很难精确,或者因为计算机系统故障的原因,不得不人为录入数据时,很容易出现错误,最终造成测试结果不准确,体质监测工作质量受到影响。为避免发生这些问题,第三方监测机构使用与国家标准相符的专业监测工具进行监测,监测设备标准高、质量好,有效避免了后面的一系列问题。

2. 监测人员专业水平较高

专业的监测人员在大学生体质健康监测中发挥着非常重要的作用,监测人员的专业素养直接决定了监测部门实施监测的最终结果。第三方监测机构对监测人员进行专业培训,定期考核,从而促进监测人员专业素养尤其是实践操作能力的提升。专业的监测人员在大学生体质测试中充分发挥自身主观能动性,可大大提高体质测试的专业性与效率。

3. 防止内部人员操控

第三方监测机构具有独立性、公开性与公正性,“内部人员操控”在第三方监测机构中是被明令禁止的。第三方监测机构从专业的角度对大学生体质健康情况进行监测,并将真实可靠的监测数据上报给有关部门。第三方监测机构同时也监管大学生体质监测部门、监控相关人员的工作情况，绝不允许出现内部人员擅自操控的现象，这也体现了第三方监测机制的公正性、透明性等特征。

（二）增加监测结果的可信度

1. 监测数据真实、完整、可靠

要将第三方监测机制引入大学生体质健康监测中，就要科学建立第三方监测机构，这需要政府部门、高校、专业监测人员、数据统计部门以及家长代表的共同参与，机构中的纪检部门由政府、学校及家长代表组成，主要负责监管大学生体质监测的过程，避免徇私舞弊等不良现象的发生。[①] 专业监测人员应具备良好的专业素养，能够至始至终一视同仁地对每个大学生进行体质监测，并向网络管理系统同步上传测试数据，确保监测数据的真实性、完整性与可靠性。

2. 数据反馈及时

因为缺乏一定的核查机制，所以高校大学生体质健康测试数据的真实性有待提升，而将第三方监测引入其中，由第三方监测机构对体质监测数据网络管理平台进行构建，则能严格核查测试数据的真实性，并能详细对比分析测试数据，将真实可靠的数据记录到大学生的个人档案中，便于学生查询，也便于有关部门实施针对性干预。

二、大学生体质健康第三方监测机制构建的主要内容

构建大学生体质健康第三方监测机制，主要涉及以下内容。

---

① 王乙涵．引入学生体质第三方监测机制的作用与建议[J]．当代体育科技，2015,5(26)：19-20.

(一)建立大学生体质健康第三方监测机构

现阶段在我国大学生体质健康监测中，监测设备不完善、环境不和谐等现象普遍存在，而要使第三方监测的作用得以充分发挥，就必须建立专业水平高的第三方监测机构，该机构应有较强的执行能力，能够被大众广泛认可，而且运作系统应达到一定的完善程度。

建立大学生体质健康第三方监测机构，要特别注意监测场所、监测设备以及监测人员这三个要素，如图 3-10 所示。

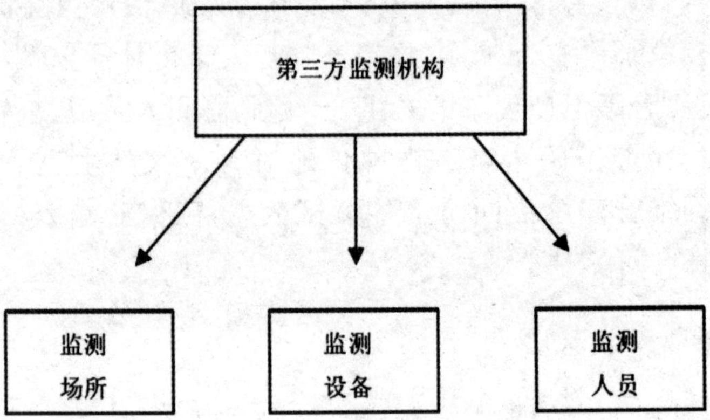

图 3-10①

建立大学生体质健康第三方监测机构后，要以《国家学生体质健康标准》为依据制定系统方案，并以各高校的基本情况为依据设计可行性高的体质测试流程，然后第三方监测机构与各院校联系，将测试时间、地点确定下来，并对最终受试人数和受试学生的基本信息予以确定。

(二)成立大学生体质健康第三方监测协会

大学生体质健康第三方监测协会主要协调管理第三方监测机构的相关工作，从而使除了第三方监测机构之外的其他职能部门如政府、学校等将大学生体质监测工作逐步重视起来，并在政

① 王乙涵．对学生体质第三方监测机制的研究[D]．吉林体育学院，2017.

府工作计划和学校工作计划中纳入大学生体质监测这项重要内容。这样第三方监测机构在开展监测工作的过程中就能够得到政府、社会、学校等的全力配合与协助，从而大大提高大学生体质监测的规范性，提高监测工作效率。

一般来说，由政府部门中主管学生体质监测的书记担任大学生体质健康第三方监测协会的组长一职，副组长一职由大学生体质健康第三方监测机构的负责人担任。另外，各高校负责学生体质健康监测的相关人员都要参与到协会的工作中来，以配合第三方监测机构完成监测任务，对大学生体质健康监测的具体实施计划进行制订，统一部署、协调安排，使计划顺利进行，最终达到预期目标。

（三）制定大学生体质健康第三方测试标准

一般要在统一大学生体质测试标准的前提下制定大学生体质健康第三方测试标准。第三方测试标准要具有统一性、规范性，制定过程中要对不同地区的发展情况、不同院校学生的体质健康特点以及大学生的性别和年龄差异等因素予以考虑。测试标准不仅要统一，还要有弹性，这样的标准才更加公正、合理。此外，对第三方测试标准进行制定时，还要以相关体育法规和体质健康政策为参考依据，确保标准符合相关规定，具有规范性、权威性和较强的可操作性。测试标准应尽可能具体和详细，这样更加便于第三方监测机构执行工作。

（四）构建多功能的大学生体质健康第三方网络系统平台

多功能的大学生体质健康第三方网络系统平台主要由四个部分组成，分别是健康咨询注册系统、体质数据获取系统、体质状态评估系统以及体质健康干预系统。大学生体质健康网络一体化服务是这一平台的核心内容。第三方网络系统平台的运行机制如图 3-11 所示。

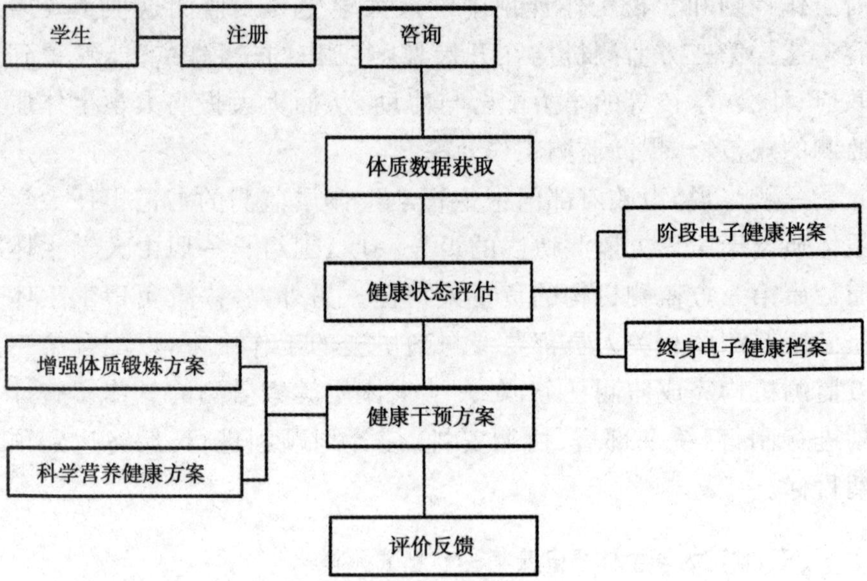

图 3-11①

首先,大学生在网络系统平台上提供个人信息资料,完成注册,然后有关人员使用规定的监测仪器对大学生进行体质健康测试,将测试数据同步上传到平台的数据获取系统中,系统自动为受试者建立个人体质健康档案。

其次,健康评估小组(由体质健康方面的专家组成)从权威的视角分析受试学生的测试数据和健康档案信息,完成体质健康状态评估,并提供相应的运动处方。

最后,资深专家从大学生体质健康现状出发,结合心理学、营养学等方面的知识制订“增强体质、科学营养”的科学干预方案,有关人员监督方案的实施,切实为大学生体质健康而服务,以真正改善大学生体质状况,提高体质健康水平。

另外,利用多功能的大学生体质健康第三方网络系统平台还能够详细统计大学生每年的体质测试结果,并与上一年度的统计数据进行对比,从而直观地了解大学生体质健康状况的变化。如果大学生能够按照专家给出的干预方案和运动处方科学锻炼,其

① 王乙涵. 对学生体质第三方监测机制的研究[D]. 吉林体育学院,2017.

体质健康测试成绩就会一年比一年好,这样通过年度对比分析,就能直观地看到体育锻炼对大学生健康发展的重要意义,从而进一步激发大学生参与体育锻炼的热情,使大学生养成良好的锻炼习惯。

(五)构建大学生体质健康第三方监测评价体系

构建大学生体质健康第三方监测评价体系,有助于对第三方监测机构的权威性进行甄别,同时也能规范与约束机构中监测人员、行政人员等相关人员的行为。对第三方监测评价体系进行构建,应从内部评价体系和外部评价体系两方面展开,如图 3-12 所示。

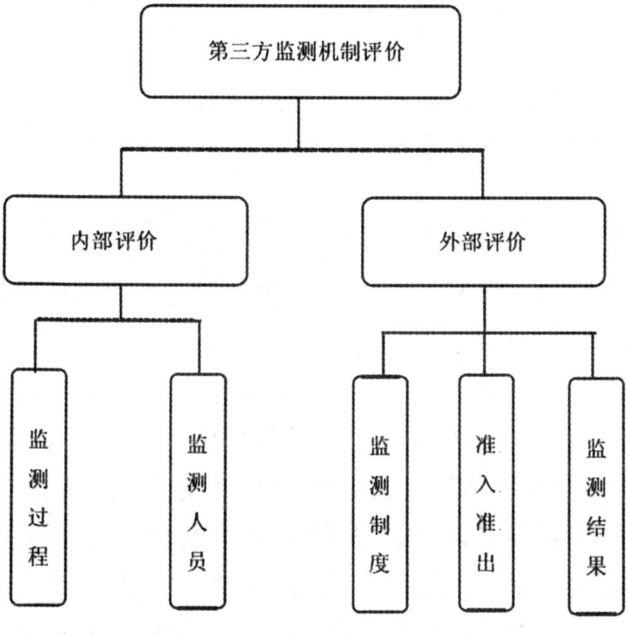

图 3-12①

内部评价主要是针对第三方监测机构内部监测过程与监测人员的评价。相对来说,外部评价的内容比较多,涉及学校、学生、学生家长、教育行政部门等,只有多方参与,才能真正发挥外

① 王乙涵. 对学生体质第三方监测机制的研究[D]. 吉林体育学院,2017.

部评价的作用。

在第三方监测评价体系的构建中，要将内部评价与外部评价有机联系起来，使二者相互协调、相辅相成。

三、大学生体质健康第三方监测机制的运行模式

大学生体质健康第三方监测机制的运行是指由政府、社会、第三方监测机构、学校、学生以及家庭相关者组成的监测主体，以一定的监管目标为依据，通过决策部署、组织建立、制度运行、网络平台以及考核评价等环节，完成体质监测任务、实现体质监测的运营目标的过程①。在第三方监测机制的运行过程中，各监测主体要相互协调配合、融为整体，如此才能提高运行的效率与效果。

第三方监测机制的运行模式如图 3-13 所示。

下面具体分析大学生体质健康第三方监测机制的运行模式。

（一）动态监督与评估，保证第三方监测的专业化与公正性

将第三方监测机制引进大学生体质健康监测中，首先要保证监测方的独立性与中立性，在此基础上对大学生体质监测进行动态化监督、评估，每年在正式开启监测上报工作计划前先完成一些基本工作，如招标、评估、公示、服务采购等，绝对不允许有暗箱操作的现象发生，这样第三方监测机构才能以其高度的专业性和鲜明的公立性而获得认可。各高校每年根据上级要求和本校实际情况而对体质测试工作合理安排，并将体质测试作为学校体育工作计划的一部分，为大学生体质测试工作的顺利开展提供公正、公平的环境。

---

① 郭瑞芳，张铎，石灵芝．学生体质健康第三方监测机制的构建与运行[J]．体育世界(学术版)，2019(03)：134＋138.

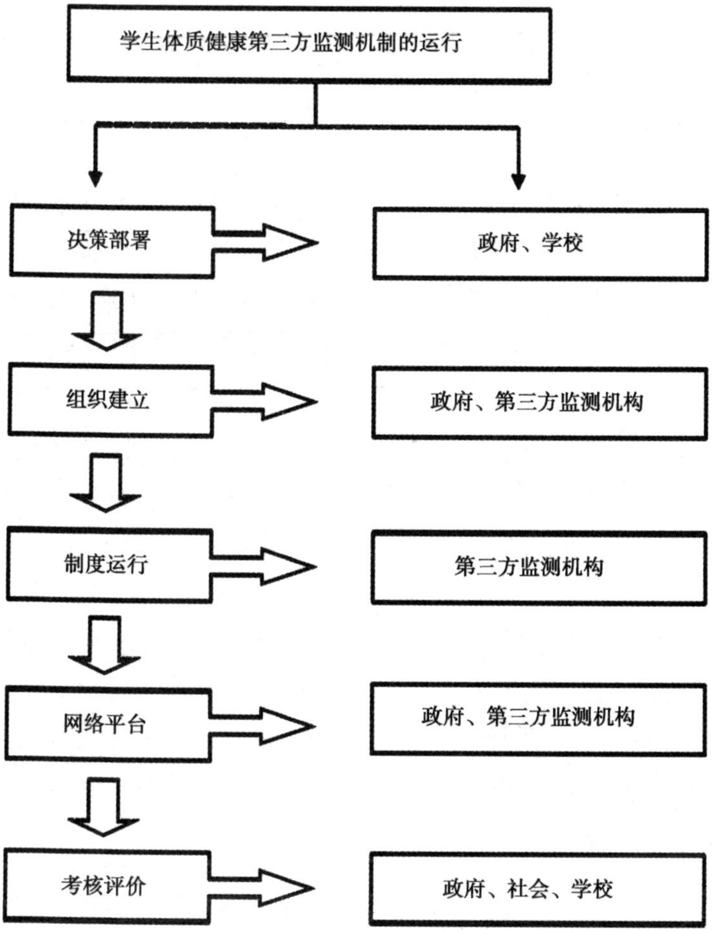

图 3-13[①]

（二）建立数据审查、追查制度，明确第三方监测机构的权责与义务

第三方监测机制运行中要建立数据审查、追查制度，并将第三方监测机构的权责与义务明确下来，这样能够更好地保证大学生个人信息与测试数据的安全性。教育行政部门要在综合考虑地域、学校类型、学生性别与年龄等因素的基础上对第三方监测机构的业务水平进行审查，并抽查第三方监测机构测试工作情况

① 郭瑞芳，张铎，石灵芝．学生体质健康第三方监测机制的构建与运行[J]．体育世界（学术版），2019(03)：134+138.

和测试数据的真实性，如果发现机构存在泄露大学生个人信息、体质测试数据不真实等情况，则按规定追究责任。

（三）建立动态化体质健康档案，提升第三方监测数据的转化能力

《国家学生体质健康标准》是衡量学生体质健康水平的重要文件。但因为大学生的体质健康状况在不断变化，而教育部门受人力和教研能力所限，只是对大学生体质测试数据进行了横向评价和纵向对比分析，然后就简单上报测试数据，这样的评估与反馈不具备明显的实际意义，而将第三方监测机制引入其中，可充分发挥第三方监测机构的专业技术优势，为学生建立动态化体质健康档案，并将体质测试数据与医学疾病防控联系起来，预测学生未来可能遇到的疾病风险，并根据大学生的真实体质水平而提供运动处方，进行科学干预与指导。第三方监测机构需向学校、学生以及家长及时反馈测试数据和相应的运动处方、干预方案，从而使学校、家长监督学生参与运动锻炼。此外，在反馈过程中，还应加强深度技术合作，提升第三方监测数据的转化能力，从而提高体质监测的社会效益。

第三节　大学生体质健康预警机制的科学构建

一、大学生体质健康预警机制的作用

（一）提高体质健康评价信息的对比性

信息反馈方式不同，对应的信息传递方式也不同。信息的传递方式有很多，对比的传递方式就是其中一种。采用该方式有助于促进人们对信息关注度的提升，并能通过对比更好地了解不同信息的异同之处。一般来说，对比度越大，关注度就越大，不同信

息的区别与相似之处就更加一目了然。要进一步清楚地对比分析不同的结果，就要在对比中运用鲜艳的色彩和有标志性的图案做标记。

在大学生体质健康预警机制中采用对比的方法可以直观地反映出不同学生的体质状况，使有关部门和体育教师更加关注体质弱势群体，同时也能引起学生对自身体质健康的关注与重视。构建大学生体质健康预警机制，可以采用三级预警警示这种新型评价方法，即预警等级不同，针对的焦点就不同，产生的效果也有差异，这样形成的对比效果会更加强烈。在评价过程中，用不同的颜色来标记不同的体质测试项目参数，这样能促进信息对比效果的提升，引起更多的关注。表达预警信息时，关键是要表达重要的体质健康信息，从而使人们抓住重点，并促进大学生认知与探求心理的不断强化。

（二）强化体质健康评价的教育功能

按照《国家学生体质健康标准》对大学生进行体质测试后，将测试结果反馈的预警信息提供给学生，使学生关注自己的体质健康，及时发现和了解自己存在哪些健康问题。体质健康的预警信息促使学生对个体健康产生疑惑，进而激发学生的求知欲，使学生主动查询资料或向教师咨询，了解可以采取哪些方式来解决自己的健康问题，以消除自己对自身健康的疑惑。学生主动咨询体育教师，体育教师耐心解答，这样的互动使师生关系更加密切、融洽，还能让体育教师对不同学生的体质状况有一定的了解，从而在体育教学中根据学生存在的体质健康问题而选取科学合理的教学内容、方法及模式进行教学，并为学生设计丰富多彩的对健康有益的课外体育活动内容。总之，建立在预警基础上的师生互动方式使体质健康评价的教育功能得到了进一步的强化。

（三）促进体质健康测评与体质健康监控的结合

从高校落实《国家学生体质健康标准》的情况来看，高校对大学生的体质测评与健康监控几乎是相脱节的，二者之间的联系并不紧密。如果直接给学生反馈体质健康测评的结果，那么教师就无法掌握学生的体质健康信息；如果将体质测评结果以班级形式反馈给师生，则会因为评价等级信息与健康信息的缺失而使师生面对测评结果束手无策，不知如何调控和解决。虽然教师能以测评结果为依据而指导学生采取合理的方法改善体质，但因为学生数量多，教师无法一一准确判断不同的学生有什么样的需求及希望得到怎样的指导，所以教师的指导缺乏针对性，效果不明显。而采用大学生体质健康预警机制有助于对预警与监控信息及时反馈，同时可以对体质健康信息进行分类，这样教师就能更有针对性地指导学生。

(四)加强学生的自我健康管理

在构建大学生体质健康预警机制，能够及时警示体质状况不佳者可能遇到的健康风险，有效改善体质健康评价中有关体质健康等级的抽象性评价。体质健康预警参数基准十分准确，能够让每个学生都清楚自己的体质状况在全体学生中是一个什么样的水平。如果学生知道自己的体质测试成绩在整个集体中是比较靠后的，并且收到预警消息时，他们就会因为鲜明的对比而产生心理落差。这种落差会使学生产生健康危机感，激发学生产生自觉改善自我体质健康状况的意向，促进学生自我保健意识和健康风险意识的提升。而体育锻炼是改善体质最有效的方式，所以大学生会自觉通过体育锻炼来增强自身体质，提高健康水平，争取在下次体质测试中取得好成绩。

总之，大学生体质健康预警机制能够向学生传达鲜明的、具体的体质健康预警信息，使学生更加清晰地认识自己的健康问题，了解努力的方向，激发学生自主参加体育锻炼的意识，并积极配合有关部门对其体质健康的干预。

二、大学生体质健康预警机制的指标开发

在构建大学生体质健康预警机制的指标体系时，要有针对性地筛选指标，并注意相关指标的组合，要注重选择对大学生体质健康有重要影响的指标，以突出对大学生体质健康的警示作用。下面，简要分析几个预警指标。

（一）台阶指数、肺活量体重指数

台阶指数、肺活量体重指数是在《国家学生体质健康标准》中的相关测试指标基础上进一步开发的指标，所占分值较高，在大学生体质健康预警机制中纳入这两项指标具有重要意义。

（二）身体质量指数（BMI）

身体质量指数是衡量人体肥胖程度的重要指标，通过这一指标可以判断哪些大学生营养不良或体重过轻、哪些大学生体重正常、哪些大学生超重或肥胖等。随着生活水平的提高，大学生中身体肥胖者不在少数，有些大学生之所以肥胖，和不良生活方式有关，而身体肥胖又可能引起一些现代慢性疾病，这个问题必须引起重视。因此，应将身体质量指数纳入大学生体质健康预警指标体系中。

三、大学生体质健康预警机制的等级构建

这里着重分析大学生体质健康三级预警机制的构建。

（一）三级预警——个体体质健康非均衡性预警

人的身体机能是一个统一体，这个统一体中不同结构的分工及适应性是不同的，这也是人体形态或功能的发展呈现出非均衡性的主要原因之一。人体体质健康的非均衡性是非常普遍的现

象，人的身体机能之间、身体素质之间以及机能与素质之间是相互影响、相互制约的，如爆发力对速度有影响，耐力可以反映一个人的心肺功能等。非均衡性预警就是通过了解身体机能发展的相互制约关系来促进个体体质的改善，促进身体机能的均衡发展和机能水平的提高。[①]

在大学生体质健康评价中，要科学建立与分析预警指标与参数，即使学生的体质测试成绩达到了及格等级，如果机体发展不均衡，即存在明显低于正常参考范围的体质健康指标，也要在体质健康评价中进行预警警示，引起学生的注意。

(二)二级预警——体质健康弱化趋势预警

根据“用进废退”的原理，人体经常使用的器官会不断发展强大，而使用较少的器官会一步步老化。现代社会科技发达，经济迅猛发展，人们的脑力活动明显多于体力活动，这直接造成了人们运动能力的下降。另外，人们因为生活节奏快、工作压力大、闲暇时间少，所以体育锻炼的时间得不到保证，这又进一步影响了人体机能和身体素质的发展，导致人们体质健康水平下降。当某一身体机能有下降趋势，且测试结果低于正常值时，就要及时采取锻炼或其他方式来改善，否则体质会越来越弱化。大学生体质健康状况不容乐观，其中身体机能下降就是一个重要表现，在这种情况下，应及时对没有达到及格等级的测试指标及需要改进的健康测试信息进行标识预警(二级预警)，警示大学生科学锻炼。

(三)一级预警——心肺功能预警

当大学生在体质健康测试中台阶指数(男 1000 米、女生 800 米)和肺活量体重指数两项指标都低于预警参数的界值时，则发出“心肺功能两项低值”标识预警(一级预警)，具体要注意以下几点。

① 朱奥．长株潭地区大学生体质健康现状与预警机制的构建研究[D]．湖南科技大学，2014.

第一，台阶指数、肺活量体重指数是反映大学生体质健康状况的两个重要指标。如果这两项指标的测试成绩没有及格，则说明学生的体质健康问题比较严重，需要尽快改善。

第二，如果大学生的心肺两项指标测试都不达标，不仅要进行预警，还要分析原因，进行针对性指导，以有效改善其体质健康状况。此外，要真正地将体质测评与大学生体质健康联系起来，对大学生的健康给予高度关注，并从行动上予以落实，这体现了预警与监控相结合的原则。

第三，对大学生潜在的健康风险进行警示。有些学生虽然体质测试成绩达标，没有疾病症状，但在较大运动负荷下或兴奋状态下潜在的风险还是有可能出现的。近年来，大学生在军训、体育课中晕厥或者猝死的现象受到了社会的关注，之所以会发生这些事件，主要是因为在应激状态和较高身体负荷下很容易诱发潜在的风险，而潜在风险一旦出现，就会造成严重的身体健康问题。心肺功能低下的学生在大负荷运动中面临的健康风险很大，而且潜在风险发生的几率要比其他学生高。因此，要特别重视对“潜在健康风险”的预警，预防可能存在的健康风险。

第四章 高校内部对大学生体质健康的监控方案

对大学生体质健康进行监控，既包括来自高校内部的监控，也包括来自社会、政府及家庭的外部监控，其中，内部监控发挥主导作用。从内外全方位监控大学生体质健康，能够为提高大学生的体质健康水平提供坚实的保障。本章先重点研究高校内部对大学生体质健康进行监控的科学手段与方案，具体包括加强健康教育、落实体质测试工作、做好学校卫生工作以及改革体育教学。

第一节 加强健康教育

在高校开展健康教育，主要是根据大学生的求知特点、身心发展特征及其对健康的需求，采取形式丰富的活动来有计划、有目的地向大学生传播与传授健康知识与技能。高校健康教育对促进大学生体质健康具有重要意义。下面，主要分析大学生生理健康教育和大学生心理健康教育。

一、大学生生理健康教育

(一)突发性传染病的急救

大学生日常生活中，可能会因为饮食卫生以及防寒保暖方面的不注意等问题，感染消化道、呼吸道疾病，因此学校有必要向大学生传播关于这两种疾病的应急救助知识。

1. 自我应急救助

(1)消化道传染病应急救助

消化道传染病患者或病原体携带者将病原体从体内排出，使食品、餐具等受到污染，人们再接触这些被污染的食品或其他物品，就会感染消化道传染病，如细菌性食物中毒、细菌性痢疾、病毒性肝炎等。不同肠道传染病的病因可能不同，所以症状也有区别，常见的是肠胃道症状，如食欲不振、腹痛、腹泻、恶心、呕吐等，有些患者还会出现头痛、肢体疼痛、发热等症状，如果不及时治疗，可造成水电解质代谢紊乱、死亡等严重的问题。消化道传染病的自我应急救助方式如下。

第一，多喝糖盐水或盐水，补充盐和水分，将肠道毒素排出体外。

第二，多注意休息，饮食以稀粥、米汤、软面条等流质或半流质食物为主，切忌吃刺激性食物。

第三，将肠道排出物及时隔离，防止他人被传染。日常生活用品如水杯、餐具、洗漱用品等不要混用，以防交叉感染。

第四，抗生素或止泻药不能盲目服用或滥用，止痛剂更不能擅自使用。虽然抗生素能够将病原微生物杀灭，但也会对人体的正常菌群造成影响，这样可能会造成突发急性传染病向慢性疾病的转化。擅自使用止痛剂虽然短期内可以达到止痛的效果，但会影响医生对病情的判断，容易错过最佳治疗时机。

(2)呼吸道传染病应急救助

人们日常生活中很容易接触到呼吸道传染病，发生该疾病的部位主要是支气管、咽喉气管以及肺部等。全身酸痛、头痛、高热等是这类疾病的常见症状，此外，眼结膜充血、咽痛、鼻塞、流鼻涕等症状也会出现在部分患者身上。呼吸道传染病的自我应急救助方式如下。

第一，做好保暖措施，多休息，注意补充水分，含有大量维生素 C 的蔬菜和水果要多吃一些，及时去医院进行专业治疗。

第二，戒烟、戒酒，不要吃辛辣刺激的食物，尽可能少刺激呼吸道。

第三，根据不同症状或症状的严重程度而对症处理。如症状严重者，要多饮水、休息，室内开窗通风，让空气流通，同时要保持室内空气清洁；咽痛者可含服消炎喉片；如有头痛、发热等症状，可口服复方阿司匹林等解热止痛片。

第四，有流感症状的患者应做约束自己的行为，如不去公共场所；不要对着别人打喷嚏或咳嗽；不要随地吐痰，这样既污染环境，也会传染疾病；及时处理自己用过的纸巾；勤洗手；与他人保持适当的距离，等等。

2. 他人的应急救助

对于突发性传染病患者，既要做好隔离措施，也要做好救助措施。他人救助与自我应急救助都非常重要。上面主要分析了自我应急救助的方式，这里主要研究他人的应急救助方式。

若条件允许，及时将患者送医治疗，不要耽误治疗时机。若不具备送医治疗的条件，则采取以下应急措施。

(1)让消化道传染病患者安静平躺休息，给患者喝温盐水，少量多次为宜，先以止泻为主。饮食上主要是提供清淡的流质食物，易于消化。鼓励患者多吃新鲜蔬果。

(2)将呼吸道传染病患者的房间开窗通风，保持空气流通，若户外气温低，则开窗时间不宜过长，注意保暖。

(3)若消化道传染病患者频繁呕吐，则要注意采取合理的方式进行护理，在患者呕吐时，轻拍其背部，并将其头转向一侧，防止其吸入呕吐物造成窒息。患者呕吐后提醒其及时漱口，漱口一般要用温盐水，以达到清洁口腔、缓解咽喉肿痛的目的。

(二)常见意外事故的急救

大学生日常生活中有时会遇到一些无法预料的事故，如外出游玩时溺水、军训中中暑、使用电器时意外触电等。若不及时采取措施来处理这些事故，则会酿成大祸，所以，对大学生来说，掌握常见意外事故的急救常识非常有必要。

下面，主要分析中暑、溺水和公共交通事故的急救措施。

1. 中暑

中暑是因热平衡功能紊乱而发生的一种急性疾病，具体就是在高温环境下，机体体温调节出现障碍，导致水电解质代谢紊乱和神经系统功能损害。导致中暑的直接原因是长时间处于高温环境下或在烈日下暴晒。此外，中暑还有一些常见的诱因，如工作强度过大、过度疲劳、睡眠不足等。

中暑的紧急救护措施如下。

(1)转移

若有中暑先兆和轻微的中暑症状，患者要立即离开高温环境，在阴凉通风的场所半躺休息，将头部垫高一些，把衣领、腰带解开，以利于散热，保持呼吸畅通。

(2)降温

用冷水或稀释至40%的酒精擦拭身体，或在大血管部位如腋窝、颈部、大腿根部等部位放冰袋、冰块，以达到散热的目的。

(3)用药

可将清凉油、风油精涂抹在额头、太阳穴等部位，或服用解暑的中药，如藿香正气水、人丹等。绿豆汤、茶水、清凉饮料(含盐分)等宜多饮用一些，以补充损失的体液。如果伴有血压降低、虚脱等症状，则要注意平躺休息，并及时就医。

2. 溺水

溺水事故常发生在游泳中，以及在水边游玩时的不小心失足落水。溺水的过程非常快，一般只需5分钟左右溺水者就可能窒息死亡。所以，救溺水者上岸后要迅速实施抢救，一秒钟都不能耽误。

(1)溺水自救与他救措施

①自救

落水后，先镇静，屏住呼吸，将鞋子踢掉，肢体放松，等待浮出水面。身体要保持平衡，身体开始上浮时，尽量保持仰位，头向后仰。切忌在水中挣扎，否则会使身体失去平衡。口鼻先浮出水面后，先快速呼吸（浅呼深吸），然后呼救，浮于水面等待救援。为了防止呛水，也可以适当憋气。

②他救

救助溺水者一定要采取科学合理的应急方法，而且一秒钟都不能耽误，否则会造成严重后果。

如果自己水性不太好，发现有人溺水后，不要冲动下水，否则不仅救不了溺水者，自己也会陷入危险境地。这时要向有人的地方大声呼叫，呼救的同时在岸边就近找救生圈、木块等飘浮物抛给溺水者。也可以找能够将溺水者拉上岸的东西，如长竹竿、长绳等。施救者也可将自己的腰带、围巾等解下，用于救落水者。水性差者切忌直接用手拉溺水者，如果被溺水者拖入水中，自己也会有生命危险。

如果施救者水性好，则可下水救人。下水前，施救者应将外衣、外裤及鞋袜脱掉，然后下水向溺水者附近游进，靠近溺水者后，用左手将其右手握住或将其头部拖住，以仰泳方式向岸边移动，也可从溺水者的背部将腋窝抓住向岸边推。在救助过程中，落水者的头部应始终露出水面，注意调整呼吸，不要挣扎，这样也能节省救助者的体力，提高救助的成功率。

施救者在救援时若被溺水者紧抱缠身，应先保持镇静，将落水者托出水面，同时自己主动下沉，落水者头部露出水面呼吸顺畅后就不会再紧抱施救者，此时施救者即可解脱。如果溺水者昏迷，施救者可在其背后用一只手臂托其腋下，另一只手臂划水，以侧泳的方式将其拖带至岸边进行抢救。

（2）溺水的医疗救护

施救者将溺水者救出后，应向周围有人的地方大声呼叫，寻求帮助，同时要拨打 120，然后采取紧急救护措施。首先，将溺水者口鼻内的污泥、呕吐物清理干净，使溺水者呼吸顺畅。然后，将溺水者的衣扣、领口解开，对于呼吸微弱或停止的溺水者，应立即采取人工呼吸和心脏复苏术（图 4-1、图 4-2）等急救措施，人工呼吸时不要轻易放弃，多坚持一会，如果轻易放弃，被动等待救护车，就可能耽误最佳抢救时机。

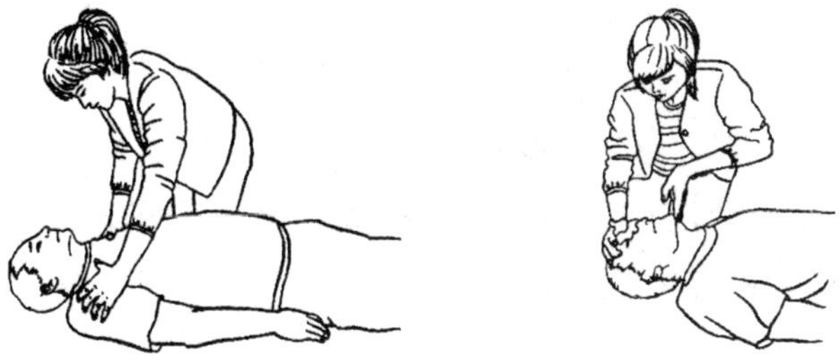

①　　　　②

图 4-1

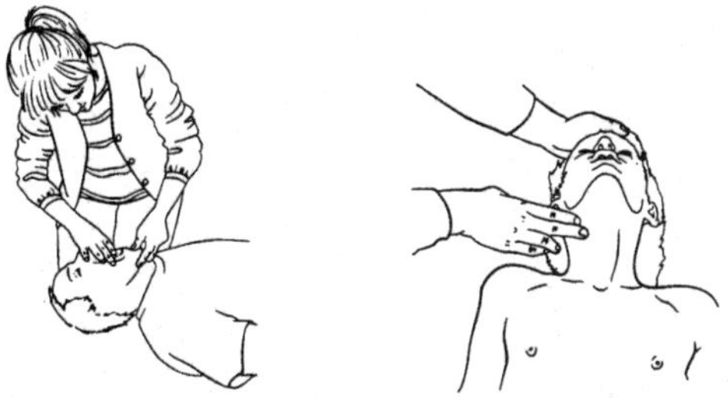

①开放气道　　②检查心跳

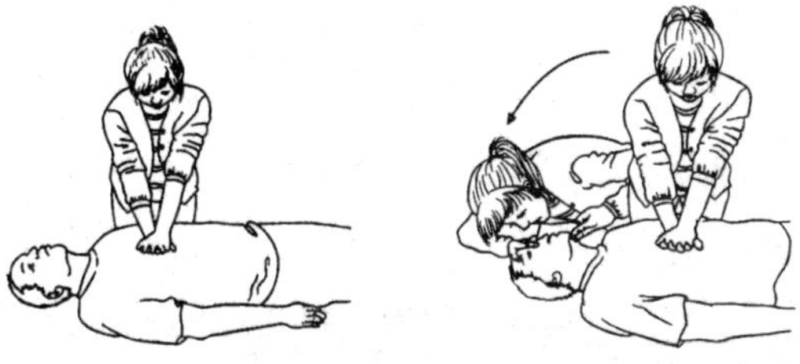

③胸外心脏按压　　④胸外心脏按压与人工呼吸交替进行

图 4-2

在这里要注意一点，抢救已经停止呼吸或呼吸十分微弱的溺水者时，不必对控水（倒水）过分在意，首要任务是通过人工呼吸或心脏复苏术来促进溺水者心肺功能的恢复。不管是理论研究，还是实践经验，均证实了控水对停止呼吸的溺水者其实没有太大的实际意义，所以不需要太在意这一点，因为很多溺水者是由于有少量的水进入气管而呈现出“假死”状态，要将溺水者肺中的水压出是有难度的，而进入胃部的水和呼吸没有直接关系。

对于尚且有呼吸或心跳的溺水者，则采取适宜的控水方式。比较简单的方式是，将溺水者移到斜坡上，使其呈俯卧姿势，或将一些软物垫在溺水者的腹部下，使溺水者头向下；施救者也可以单膝跪地，另一腿屈膝，将溺水者横放在膝上，使其头部尽可能低垂，在其背部轻轻拍打，使其排出呼吸道和胃中的水。之后，可通过按压溺水者的人中、合谷等穴位，使其苏醒，同时采取一些保暖措施。

(3)预防溺水

很多大学生都喜欢游泳这个体育项目，但游泳有一定的危险性，如果准备不充分，安全防范意识薄弱，水性差，技术不熟练，则很有可能发生意外，而且发生意外后若不知如何自救与求救，则会面临生命危险。

为了避免发生伤亡事故，大学生不仅要学习溺水的急救措施，还要知道如何预防溺水。

第一，饥饿、过饱状态下以及酒后都不宜下水游泳，适宜下水的时间是餐后 1 小时。

第二，不要单独到江、河、湖、海及水库里游泳，以免被旋涡卷走。要去这些地方游泳，最好结伴而行，带上安全装备。在海中游泳时，游泳的方向要和海岸线平行，如果体力有限或技术不佳，则不要擅自到水深的地方游泳。游泳时随时做标记，及时调整游泳的方向，安全第一。

第三，下水前先试水温，在温度过低的水中游泳很容易抽筋，所以如果水温过低，则不要下水。此外，对于游泳场所的周边环境和水中情况要有一定了解，如环境是否卫生，水有多深，水下是否平坦，有无杂草、暗流等。不要在有危险警告标志的场所游泳。下水后量力而行，不要逞强，同伴之间不要嬉戏打闹，以免溺水。

第四，恶劣天气不宜在户外游泳，如雷雨天、大风天；夜间不宜在光线暗的场所游泳；身体不适、虚弱或有疾患（开放性伤口、皮肤病、心肺疾病、眼疾、癫痫等）不宜游泳。

第五，下水前先做好热身准备，活动各关节，这是防止下水后抽筋的主要方式之一。如果游泳时抽筋或遇到其他危险情况，不要慌张，保持冷静，调整成仰漂姿势，然后自救或呼救。

3. 道路交通事故的急救

道路交通事故指的是各类机动车和非机动车在各级公路和城市道路上行驶或停放过程中，发生碰撞、刮擦、碾压、翻覆、坠落、起火、爆炸等事件，从而造成人员伤亡或财产损失的事故。① 下面，分析道路交道事故的急救和预防。

（1）紧急救护措施

现场急救过程中，首先要了解伤员的伤情，然后采取有效措施控制伤情，再及时送医抢救，主要目的是减少死亡。现场紧急救护的原则如下。

第一，先抢救重伤员，再救助伤势较轻的人员。

第二，移动伤员时，应考虑是否会加重其隐蔽性创伤，在不加重的前提下进行必要的移动。

现场急救的具体方法如下。

第一，解救伤员，使其脱离危险环境，避免增加新的损伤或使原来的损伤加重。如果伤员被车轮或重物压着，不能强行将其拉出来，否则会使其神经或血管再次受伤。这时尽可能以众人的力量推开车或重物，这个过程中要注意操作的严谨性，以免造成伤员二次受伤。

第二，明确判断伤员的受伤情况，根据伤情合理采取止血、固定、包扎、心肺复苏等急救措施。

第三，紧急处理的过程中可拨打120、999，请求专业救护，这样救护效果才能提高。需要注意的是，医疗机构的人员到达现场

---

① 章明明，杨铁凡，陶剑飞．大学生生理与心理健康教育[M]．北京：科学出版社，2009.

后,不要急着送伤员去医院,要先检查伤情,尤其是一些隐蔽性损伤,在了解伤情的情况下小心搬运伤员,将危险降到最低。

第四,若救护车没有及时赶到,在紧急处理后,施救者可开车将伤员送往距离近、医疗条件较好的医院或救护中心。如果条件有限,则先送重伤员,后送轻伤员。护送伤者时,大、中型车最实用,伤者可以在车里平卧,有利于缓解症状。

(2)预防措施

第一,向大学生宣传交通安全知识,加大安全教育力度,促进大学生交通安全意识的提高,培养其遵守交通法规的习惯。

第二,在人行道内行走,没有人行道时靠路边行走;通过路口或横过道路时,按交通信号灯指示走人行横道、过街天桥、地下通道。

第三,要在非机动车道内驾驶非机动车,遵守有关交通规定,若路上没有非机动车道,则应靠车行道右侧行驶。

第四,提高驾驶员的道德素质、心理素质和驾驶技能,严格遵守交通法规和操作规程,定期检查汽车机件的安全隐患,及时排除,防患于未然。

(三)常见运动损伤及处理

大学生上体育课、参加课外体育活动、参与运动训练或进行比赛等,有时会因为准备活动不充分、身体素质差、场地设施故障等原因而发生运动损伤。运动损伤对大学生的健康、学习及生活都有影响,因此,发生损伤后要正确处理,以促进恢复。同时还要提前做好准备,预防运动损伤的发生。

1. 运动损伤的处理原则

运动损伤中比较常见的是轻伤、急性损伤、闭合性损伤、四肢损伤及软组织损伤等,相应地,重伤、慢性损伤、开放性损伤、躯干损伤及骨性损伤等相对较少。运动项目的类型不同,损伤部位也有一定的差异,同一类型的运动中,项目不同,损伤部位也有区别。但不管是处理哪种运动损伤，都要贯彻“三不宜”原则。

(1)不宜随便搬弄伤肢

如果没有弄清楚受伤情况，不宜随便移动受伤部位，尤其是头颈部位的损伤。如果伤者头颈部的疼痛感强烈，活动受限，应立即送医进行专业处理。对于关节脱位或骨折这样严重的损伤，在不清楚伤情或不熟悉专业处理方式的情况下，不宜盲目复位搬弄，以防加重伤情，或使其他重要组织器官受到伤害。

(2)不宜随便处理伤口

伤者不要自己随意处理开放性损伤，即使伤口小且浅，也不宜自己处理，处理不当会加重损伤，因为医务人员的处理方式更专业、规范，如用水冲洗伤口、用纸或布片擦伤口、用红药水等涂抹伤口等。

(3)不宜随便热敷或按摩受伤部位

伤后 24 小时内不宜按摩或热敷伤处，若有较严重的局部淤血或肿胀症状，更不宜随便热敷或按摩，一般要在采取急救措施 48 小时后，再酌情按摩或热敷。

2. 不同运动损伤的处理

(1)开放性软组织损伤

对于开放性软组织损伤，首先要处理大出血、休克等危及生命的症状。止血方式主要有压迫止血法、绷带止血法、充填止血法等。常见的压迫止血法如图 4-3 所示。止血后对创口进行处理，以防止感染，常见处理方式是清洗、消毒和包扎。

伤口大小不同、深浅不同，处理方式也不同。如果伤口小而浅，通常先用生理盐水进行冲洗，然后在伤口处涂抹消毒药水，不需要包扎伤口。如果伤口大而深，而且有异物，则先用消毒镊子取出异物，再进行清理、消炎、包扎等。

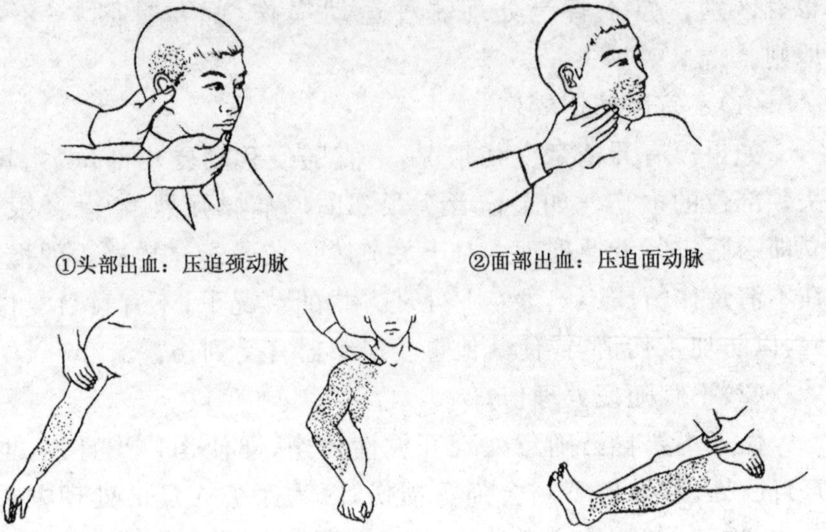

①头部出血：压迫颈动脉

②面部出血：压迫面动脉

③肘关节以下部位出血：压迫肱动脉

④颈动脉出血：压迫锁骨下动脉

⑤下肢出血：压迫股动脉

图 4-3

(2)闭合性软组织损伤

关节、韧带扭伤及肌肉拉伤等是常见的闭合性软组织损伤，主要症状是关节疼痛、肿胀、皮下淤血、关节功能障碍等，轻者韧带部分纤维断裂，重者则韧带纤维完全断裂，并引起关节脱位或半脱位。这类运动损伤的紧急处理方式如下。

第一，停止运动。发生损伤后，停止运动，坐下休息，将扭伤部位的衣物或鞋带松开，检查是否有合并伤。

第二，固定。为防止伤肢二次受伤，可用夹板、支持带等工具对受伤部位加以固定，并起到保护的作用。腕关节、肘关节、膝关节、踝关节、跟腱、足弓等部位支持带的用法如图 4-4 至图 4-9 所示。

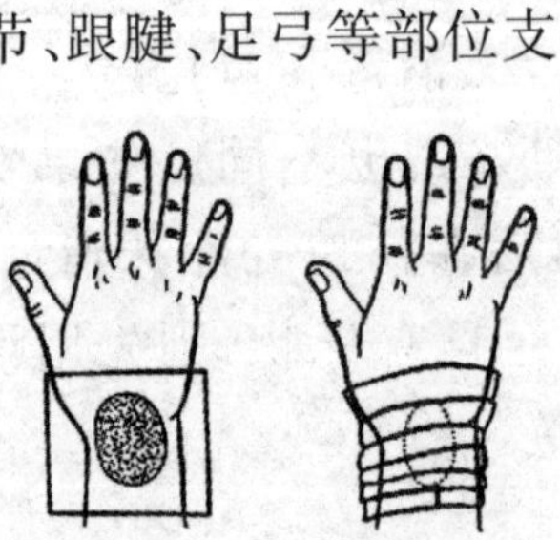

① ②

图 4-4

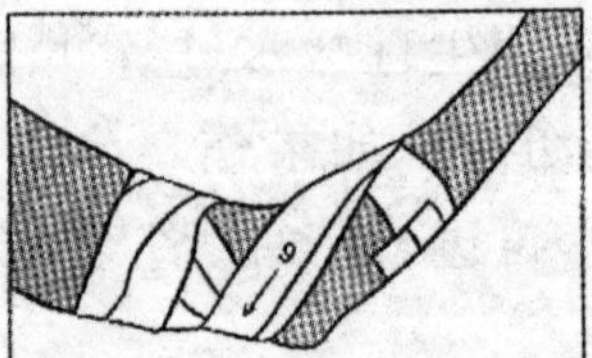

图 4-5

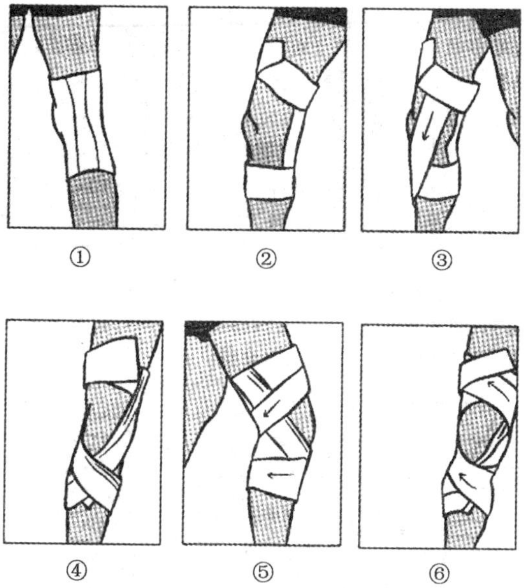

图 4-6

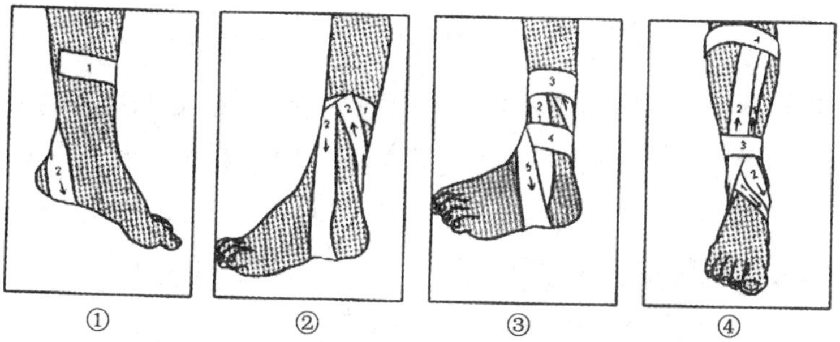

a:限制踝关节内翻

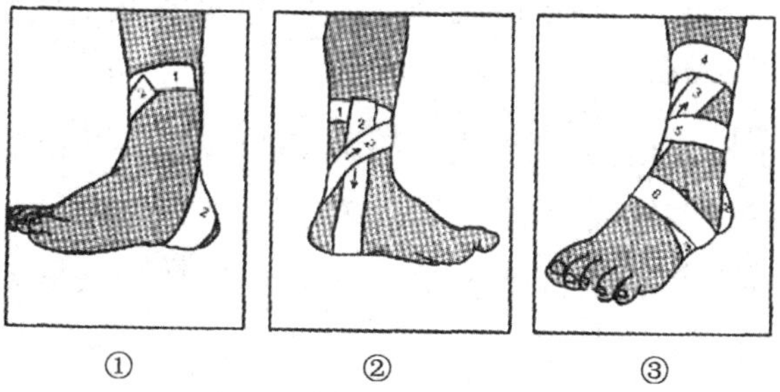

b:限制踝关节外翻

图 4-7

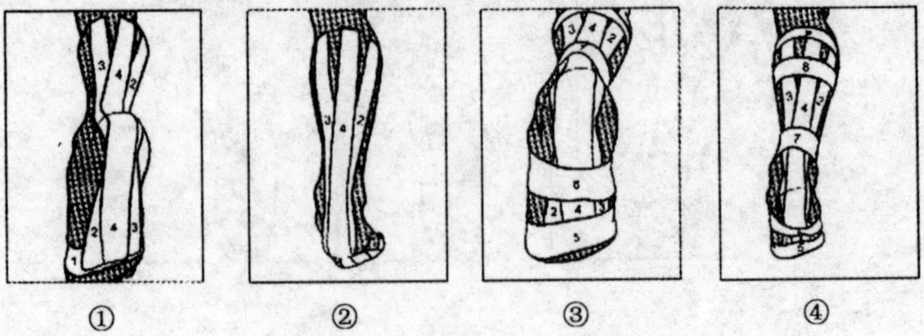

图 4-8

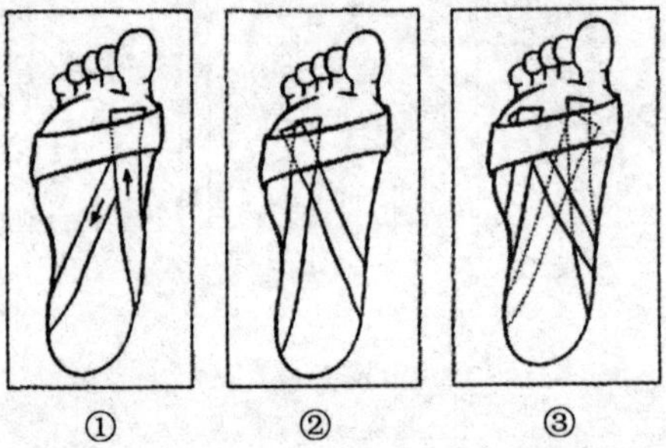

图 4-9

第三，冷敷。伤后 24 小时内，不宜热敷和按摩，否则会使出血症状更严重。伤后先冷敷，这样能使局部疼痛和肿胀的症状减轻，冷敷时宜用冷水或冰块，冷水冷敷每次持续 15～30 分钟，冰块冷敷每次持续时间稍短一些，以 15～20 分钟为宜。24 小时内可进行 3～5 次冷敷，间隔时间要适宜。

第四，局部按摩、热敷。受伤 24 小时以后，可采取局部按摩、热敷、理疗等方式进行处理，以达到消肿止痛、活血散瘀的目的。

第五，将肢体抬高。睡觉时抬高伤肢，这样可以达到止血、缓解肿胀的效果，大约需坚持一周左右。

伤后两周，主要症状基本消除后，适当做一些恢复性运动，以力量练习、伸展练习为主。

(3)骨折

运动中发生骨折，应通过以下方法来进行紧急处理。

第一，以抢救生命为主，若患者休克，首先通过保温措施进行抗休克处理，并想办法给伤者输血。如果大血管出血，应立即用止血带止血。

第二，如果骨折端已经戳出伤口，不宜立即复位，否则会使创口感染，这时应先将骨折断端的污物清理干净，然后采取复位措施。

第三，骨折急救处理中，要特别注重对骨折部位的临时固定，前臂骨折、肱骨中段骨折、小腿骨折及肱骨骨折的临时固定方法如图 4-10 至图 4-13 所示。

①　　②

图 4-10

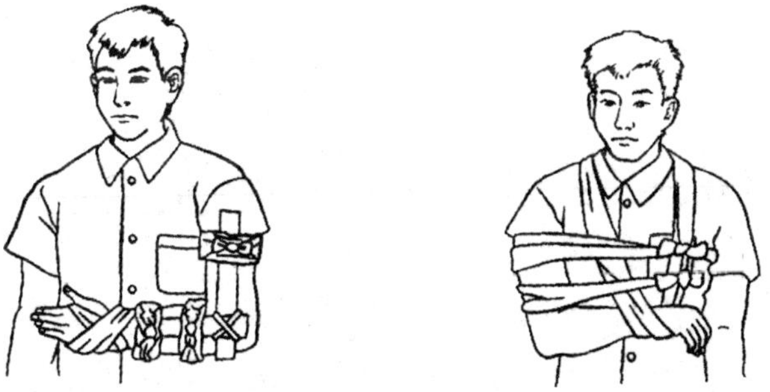

① 有夹板包扎法　　② 无夹板固定躯干法

图 4-11

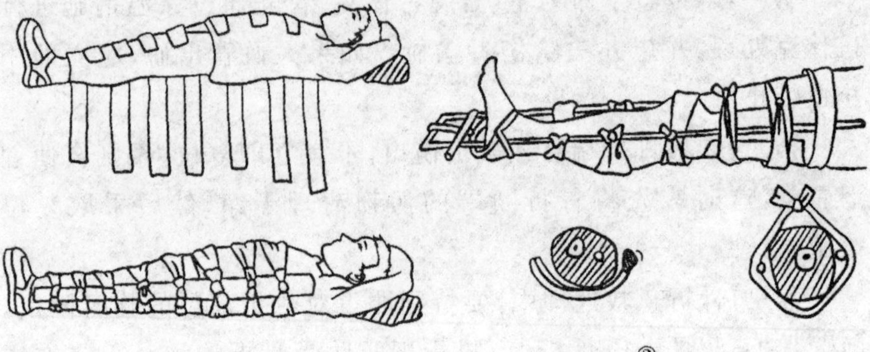

① ②

图 4-12

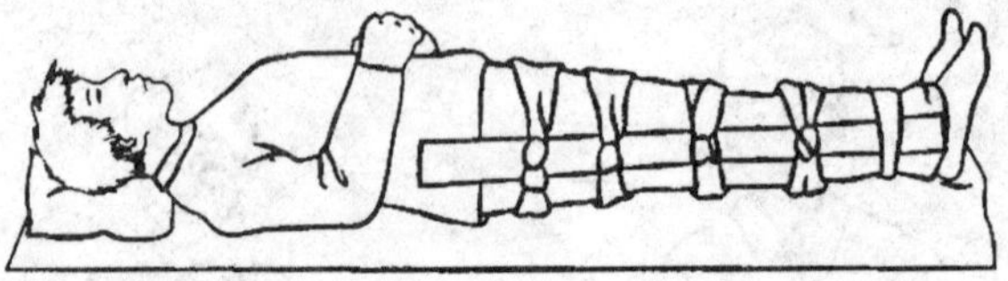

图 4-13

二、大学生心理健康教育

(一)培养健康的自我意识

1. 在比较中客观认识自我

在自我意识的建立与健全中,正确认识自我是一个基础条件。每个人都要对自己有一个客观、全面的认识,但全面认识自我有一定的难度,需要通过比较来实现这一点,具体包括自己与他人的比较、自我评价与他人评价的比较以及自己和自己的比较。通过比较,可以提高自我评价的客观性、全面性,可以丰富自我体验,从而对自己有更加客观、准确和全面的认识。下面,具体分析客观认识自我的比较法。

(1)自己与他人的比较

个体不能孤立地认识与评价自己,否则会因为认识或评价不当而徒增烦恼。个体应适当地与他人比较,在比较中对自己进行正确评价,根据对自身的了解与认识来确定奋斗目标,弥补自己的短板,发挥自己的长处,促进自我发展。

自己与他人进行比较时,要对以下几点加以注意。

第一,比较对象要合适,对比较对象进行选择时,要贯彻相似性原则和可比性原则。

第二,要比较努力、成效等可变因素,通过比较来了解自己的成绩和自己与他人的差距,这有助于产生激励作用,促进个体更好地发展。注意不要比较家庭经济条件、居住环境等不受自己控制和自己难以改变的因素,比较这些因素,不仅不会激励自己进步,反而会让自己产生自卑感,并因此而怀疑自己的能力。

第三,不要只与他人就行为的结果进行比较,在比较中还要将行为前的条件、行为的过程及结果综合起来考虑。

(2)自我评价与他人评价的比较

在大学生自我意识的形成与发展中,自我评价与他人评价很容易出现不一致的情况,大学生要学会分析评价不一致的原因,并努力缩小自我评价与他人评价之间的差距。而如果大学生的自我评价与他人评价有很多方面都是一致的,就说明大学生自我意识的发展比较成熟。对于他人对自己的评价,大学生往往很在意,甚至很敏感,大学生对此要从以下方面正确对待。

第一,善于分析别人对自己的评价,接受合理评价。

第二,了解别人是如何看待自己的,及时发现客观存在但被忽视了的问题。

第三,采取多种途径获取和自己有关的信息,综合分析与评价,以对自己有客观、全面的了解,提高自我评价的准确性,缩小与他人评价的差距。

第四,面对他人的评价,要学会用发展的眼光和辩证的方法去看待,并将其与自我评价相比较,比较的视野越开阔,就越能全面地了解自己。

第五,如果他人的评价很高,不要骄傲,继续保持自己的优势，如果他人的评价不高，也不要灰心丧气，要找出自己的缺陷，并及时改正，争取下次获得较高的评价。

(3)自己和自己的比较

自己和自己的比较指的是现在的自己与从前的自己或将来的自己的比较，通过自我比较，也可以对自己有进一步的认识。随着大学生自我认识和评价能力的不断提高，他们会经常进行自我反思。其反思的内容包括行为动机是否正确、行为过程是否合理、行为结果是否满意以及自己有哪些收获和哪些做得不足的地方，在这些反思中，大学生会发现自己的优劣势、发现自己的得与失，从而更有针对性地进行自我调整。大学生要全面认识自我，要进行正确的自我评价，就必须养成自我反思的好习惯。

大学生在自我评价中，要正确定位“理想我”，这样才能将评价偏差降到最低。在大学生自我意识的发展过程中，往往会出现很多矛盾与冲突，其中最典型的是“理想我”和“现实我”的冲突。大学生在“理想我”的定位中，要以社会需要为立足点，从个人实际情况出发，遵守道德规范，好高骛远的目标和唾手可得的目标都不能算是理想目标，只有通过一定努力才能达成的目标才称得上是理想目标。

2. 在实践活动中悦纳自我

悦纳自我指的是认同及肯定自己真实的一面，也就是本来面目。大学生心理是否健康，关键要看其能否接纳真实的自己，是否对自己满意，而不是说大学生只要全面了解自己、正确评价自己，就是心理健康。大学生只有对自己持肯定、认同态度才会产生自尊感、自豪感。心理研究表明，心理健康者往往能够认可与接受自己，而心理障碍者一般都对自己不满，甚至排斥自己。大学生悦纳自我是科学塑造自我的重要基础，悦纳自我往往在实践活动中才能实现。

(1)在实践活动中获得成功体验

每个人强大的内在动力来源于很多方面，在实践中因成功体验而获得愉悦感就是其中一个重要来源，成功的愉悦感激发强大的内在动力，在强大动力的驱使下，人们会获得更大的成功。成功的体验对自卑的大学生来说非常重要，它能帮助大学生树立自尊心和自信心。

人们参加实践活动，社会通过其活动成果来衡量个体的价值，有时个体自身的价值就直接体现在社会实践成果的价值上，所以在实践活动中取得理想的成果，往往能够提升个人的自豪感与自我认同感，使个人发现自己的价值，肯定自己，并有信心继续开发自我潜能。大学校园里经常开展丰富多彩的实践活动，大学生可以通过参加这些活动来尽情展示个人风采，并挖掘自己的潜能，争取在这些活动中有良好的表现，从而提升自己的自信心。此外，大学生也要积极参加社会实践活动，锻炼自己的社会交往能力，表现自己的天赋和才能，让更多的人认识自己，并获得他人的认可。

(2)正确看待自己的优点与缺陷

大学生要充分发扬自己的长处，正确对待自己的短处。每个人都有自己的缺点，但同时也有很多优点，而且即使有缺点，也是可以改正的，所以大学生不必因为自己的短处而感到自卑，不要随便否定自己，也不要过分苛求自己，更不要认为自己一无是处，而要善于看到自己的闪光点。与此同时，对于自己的短处，大学生也不要回避，要正确对待，并努力弥补不足，克服缺陷。有些大学生会因为自己外表上的缺陷而感到自卑，其实大可不必，因为这一缺陷可以通过提升内在美来弥补，如提高自己的修养、学识。

(3)正确面对失败

每个人的一生中都伴随着无数次的成功与失败，正所谓胜败乃兵家常事，这是事情发展累积的结果，是很正常的事。大学生要以正确的态度对待失败，学会归因，从失败中总结教训，争取下次取得成功；不能失败一次就一蹶不振、意志消沉，这样会错过很多机会，与更多可能性的成功失之交臂，影响一生的发展。

3. 在发展中有效调控自我

大学生的自我意识是不断发展变化的,发展变化的总体趋势是从分化到统一,在这个过程中,大学生不仅要学会正确认识自己、对待自己,更要学会有效控制自己,从而促进自我完善。大学生有效控制自己是其主动定向地改变自我心理品质、特征和行为的心理过程。[①] 通过控制自我,可以进一步实现自我完善、自我超越的目标。大学生在发展中有效调控自我的方式如下。

(1)建立理想自我

在个人成才目标上,可以将自我意识形象地表达为"理想自我",这对大学生的成才具有引导作用,能够为大学生指明方向。自我认识和自我悦纳是大学生建立理想自我的基础,建立理想自我,就是确立自我发展目标,具体要以社会的需要和个人的特点作为主要依据。

(2)培养自控能力

大学生要从以下几方面努力培养自控能力。

第一,用辩证思维看待问题,看待事物要客观公正,面对学习与生活中的问题要保持乐观积极的心态,理性冷静地看待问题,不要偏激,不要冲动,努力控制自己。

第二,在学习和生活中养成良好的行为习惯,生活作息要有规律,学习要认真踏实。

第三,对自己要严格要求,但不要过分苛求。要自觉遵守学校纪律,善始善终做事,勇于承担责任。

(3)不断完善自我、超越自我

大学生要塑造崭新的自我,就要积极对自己的情绪进行调整,对自己的行为加以约束,树立良好的情感,养成良好的行为习惯,努力实现自我发展目标。大学生只有不断提高自己各方面的素质,才能逐步完善和发展自我,才能提升自我意识,自我意识的

---

① 章明明,杨铁凡,陶剑飞. 大学生生理与心理健康教育[M]. 北京:科学出版社,2009.

发展又会进一步促进自我完善。

(二)合理调节情绪

大学生要学会合理调节自己的情绪。下面,主要分析调节情绪的一般方法。

1. 心理平衡法

大学生的情绪具有两极性,他们对生活和学习充满热情,但遇到不如意的事情时又无法保持冷静,容易出现自卑心理,甚至自暴自弃。这是因心理冲突引起的心理不平衡而造成的结果,因此说保持心理平衡是调节情绪的关键。大学生采用心理平衡法调节情绪,需注意以下几个要点。

(1)从实际出发严格要求自己,但不要过分苛求自己。

(2)不要对他人抱以过高的期望。

(3)产生愤怒情绪时要及时疏导。

(4)遇事不要斤斤计较,减少不必要的烦恼。

(5)面对挫折,如果一时之间不知道如何应对,可以暂时忘掉不如意的事,等心理平静时再去面对和解决。

(6)不要钻牛角尖,把自己的烦恼适当倾诉给别人听,这有助于缓解郁闷心理。

(7)从帮助他人中找到自己的价值。

(8)在一段时间内集中精力完成一件事,不要同时处理太多事,以免造成精神压力,引起精神疾病。

(9)与同学友好相处,多交志同道合的朋友。

(10)正确对待压力,适当参加一些健康的娱乐活动来缓解压力。

2. 冲突缓解法

心理健康的人也会有不好的情绪体验,如烦恼等,但他们不会因为一点小事就烦恼,让他们烦恼的一般都是因为心理冲突,即面临两种不相容的目标时，感到左右为难，这时会产生一种矛盾心理，也就是心理上的冲突。如果对此处理不当，就会产生烦恼。

“心理冲突”是个体的主观体验，在同样的事情面前，有的人可能会感到烦恼，有的人则不会产生这样的心理体验；而且同样的烦恼，有的人不把它放心上，有的人则整日被烦恼所困，无法摆脱。这说明烦恼是有主观性的，所以可采取冲突解除法从主观上预防和解除烦恼。

大学生采用冲突缓解法调节情绪，要注意以下几点。

(1)多想一些开心的事。

(2)把时间和精力用于学习上，以免因无所事事而自寻烦恼。

(3)记下让自己烦恼的事，一一解决，不要拖延，不要把小烦恼变成大烦恼。

(4)做一些令人娱乐的事，在愉快的情境中解脱烦恼。

(5)在没有付出实际行动前不要过早担忧某件事，如果担忧，就做好准备来应对麻烦，如果不积极寻找解决的方案，就是徒增烦恼。

3. 疏导宣泄法

大学生在学习和生活中总会遇到一些不顺心的事或让自己不开心的事，这些事会让他们感到不满、不安，这种心理又会引起情绪亢奋。如果大学生不能发泄自己的苦闷，过度压抑心情，就会引发心理疾病。因此，大学生不要刻意压抑自己，要适当表达自己的感情，发泄自己的情绪，这样能够使自己获得解脱。这种调节情绪的方法就是疏导宣泄法。这是一种比较传统的心理治疗法，主要通过发泄心理积郁来疏通神经通路。采取这种方法有一个前提条件，即不要肆无忌惮地发泄，不能损害他人健康和利益，不能破坏社会道德生活。大学生运用疏导宣泄法调节情绪，应注意以下几点。

(1)交知心朋友，和朋友互述衷肠，听取朋友善意的劝告。

(2)不要把所有情感都压制在心理,否则会造成抑郁,要培养健康的兴趣爱好,丰富课余生活,从丰富多彩的活动中抒发情感、表达情感,排泄不良情绪。

(3)如果有些话不方便和别人说,就写下来,这也是一种自我疏导的好方法。

第二节 落实体质测试工作

高校要严格落实《国家学生体质健康标准》(以下简称《标准》),科学开展大学生体质测试工作,并在此基础上制定合理的健康干预方案,为大学生体质健康提供保障。下面重点分析高校落实《标准》的一些建议。

一、结合学校实际情况制定《标准》实施细则

严格按照《标准》的要求定期开展体质测试工作,将这项工作纳入高校体育工作计划中。各高校科学解读《标准》中有关高校部分的内容,并从本校客观实际出发制定与本校大学生真实体质健康状况相符的实施细则,结合本校实际对《标准》实施过程中的具体问题加以解决。

二、测试工作由专门的测试及研究机构组织实施

为了保证《标准》的充分落实和体质测试的顺利开展,高校有必要专门成立领导小组,组长由主管校长担任,教务部(处)、体育部(教研室)、校医院等部门的负责人为小组主要成员。实施《标准》的部署工作由主管校长负责,具体工作是对场地、器材和经费进行筹划,对工作方向加以把握,以免偏离正轨;教务部(处)主要负责统计并提供在校大学生的名单,管理大学生体质健康档案

（包括体质测试成绩记录卡）；体育部（教研室）主要负责调控测试计划、安排测试时间、组织具体测试工作、分析研究测试数据和统计资料等，从而更好地指导与改进高校体育工作；校医院主要负责对大学生体质进行测试。

高校落实《标准》，不仅要通过体质测试来了解大学生的体质健康状况，关键是要向校领导反馈测评结果，由其根据测评结果来有效干预大学生体质健康，鼓励大学生通过参加体育锻炼来改善体质，培养大学生体育锻炼的好习惯。为了增加大学生体质测试工作的完整性与可操作性，同时保证能够科学开展大学生体质测试结果的分析研究工作，高校需结合本校实际成立专门的测试及研究机构。事实证明，由专门机构和专人负责的体质测试工作确实能够取得较好的效果。

三、合理安排测试时间，组织形式要灵活

高校在安排大学生体质测试时间时需注意以下两点。

第一，在新生入学期，组织全体学生进行体质测试，从而了解新生的体质健康状况和其他年级学生的体质健康变化。体质测试结束后，在规定时间内上报真实的测试数据。

第二，根据受试学生的人数来安排具体测试时间。

高校可采用课内外相结合的方法来组织大学生进行体质测试，组织形式应具有一定的灵活性，具体可从下几方面着手。

第一，在体育课上集体安排体质测试。

第二，不占用体育课时间，利用课外时间安排体质测试工作。测试时间、地点应相对固定，对于个别有特殊情况的学生可由其对测试时间自主选择。

第三，将分散测试与集中测试结合起来，有些测试项目也是体育课考试项目，因此可将体育课考核成绩作为参考。

各高校要结合自己的具体情况来灵活选择测试形式，不必追求统一，但要注意的是，不要将大量的体育课时用来安排体质测

试，这会影响体育教学的正常进度，应尽可能在课外组织测试，因为课外测试时间更灵活。

四、加强体质测试中的安全管理

在大学生体质测试中，受试者有时会出现拉伤、挫伤、肌肉痉挛、晕厥等运动伤病现象，这不仅会影响体质测试的顺利进行，还会危害大学生的身体健康，影响其正常学习与生活。因此，为保证大学生的人身安全和测试工作的顺利进行，应在大学生体质测试中加强安全管理，具体应做好以下工作。

第一，测试前明确提示哪些项目不适合哪些体质的学生参加，当学生存在不适合参加个别项目测试的情况时，提前向有关部门申请缓测或免测。

第二，工作人员在测试前检查测试场地、器材是否安全，杜绝安全隐患。

第三，测试人员的专业素养应达到一定的要求，要能够妥善处理测试中的常见紧急情况。

第四，大型测试现场应有校医务室的工作人员，以便在学生发生运动伤病时可以对其进行急救处理。

第五，正式开始测试前安排学生做一些准备活动，这是预防运动伤病的方法之一。学生在受试过程中若感觉身体不适，应及时停止运动，进行紧急处理，待情况稳定后再补测。

第三节　做好学校卫生工作

在学校教育工作中，卫生工作是非常重要的一部分。开展学校卫生工作，主要是对学生卫生环境和教育卫生条件加以改善，对学生良好的卫生习惯、健康文明的生活态度进行培养，对学生的健康状况进行监测，进而提高学生的健康水平。高校应以《学校卫生工作条例》为准绳，积极开展卫生工作，促进学生健康发展。

高校应具体从以下几方面着手来落实卫生工作，以提高大学生体质健康水平。

一、制定计划，充分发挥相关组织机构的作用，确保各项工作有序实施

想要确保高校充分贯彻落实《学校卫生工作条例》，就要使高校卫生工作领导小组充分发挥作用，明确工作小组的任务和各工作人员的具体职责，明确分工，提高工作的效率。具体来说，领导小组要从本校卫生情况出发对卫生工作制度、工作计划加以制定与完善，并要有计划地开展日常卫生管理工作，不能搞形式主义，要通过有序开展各项工作而取得实际的成果，达到预期的目的。同时，领导小组应监督各年级、各班级开展日常卫生工作，以配合全校开展卫生工作。

此外，为有序开展学校卫生工作，领导小组还应做到上下一盘棋，这样才能有始有终、保质保量完成工作。例如，组织全体在校生体检时，不管是卫生工作小组的负责人，还是小组各个成员，都要对此给予高度重视。体检前，小组副组长要提出明确而细致的要求；体检时，全体小组成员应履行好自己的职责，并相互协作，保证体检工作的顺利进行；体检后，各成员应及时总结此次体检工作的情况。

二、开展健康教育活动，提升大学生的健康意识

第一，学校可通过开展健康教育活动来对卫生知识进行宣传与普及。卫生宣传工作可以经常在校园内开展，宣传形式以大学生喜闻乐见的形式为主，如校园广播站、宣传栏、校报等。

第二，搞一些以健康与卫生为主题的宣传活动，开阔学生的

视野，如爱眼主题、营养主题、爱国卫生主题、预防传染病主题等。开展这些主题活动时，学生可以借此机会设计卫生宣传板报、宣传册等，这能够促进学生卫生知识的丰富和实践能力的提升，使知识与实践真正结合起来。

第三，加强对各班级卫生委员的培训、管理，结合学校卫生工作实际选择培训内容，培训内容还应体现出不同年级学生的特点。通过培训，可挖掘卫生委员的潜能，丰富卫生委员的卫生知识，提高他们的卫生保健技能，从而更好地配合实施学校的卫生工作计划，做好本班级的卫生工作。

三、加强健康监督，大力防治疾病

第一，每年定期组织全体在校生体检，体检前作好充分准备，体检过程应秩序井然，高质量完成体检任务。体检结束后，将相关资料统计汇总。

第二，持之以恒地开展防近视工作，开展专题防近视讲座活动，通过多种途径宣传防近视知识，同时加强对教学卫生的监督和眼保健操的指导。

第三，细致落实校园常见传染病的防治工作。例如，秋冬季节容易发生呼吸道传染病，学校应严格把关，积极抵御传染病，并制定传染病应急预案，密切关注学生的身体状况，随时起动预案。学校还应对全校师生进行专题培训，以引起所有师生的重视，这样能够有效预防与控制疫情。

四、美化校园，发挥环境育人作用

第一，学校应坚持不懈地抓好环境卫生工作，大力宣传卫生知识，开设卫生健康教育课。

第二，为创造健康向上、优美怡人的育人环境，学校应落实卫生岗位责任制，划分各年级、班级的卫生区，让学生自己动手打扫卫生,共同维护校园环境卫生。同时,学校还应成立卫生检查评比小组,不定时检查各区域的卫生,并公布检查结果,实施奖惩措施。

五、规范卫生档案,加强管理

规范学校卫生档案,加强档案管理,充实卫生档案的内容,分类整理,及时补充缺少的项目。尤其要重视规范食堂食品卫生档案,将所有卫生档案资料都帖上标签,以提高管理效率。校医务室定期检验所购药品,及时处理变质、过期的药物。

六、注重心理健康教育

第一,学校应重视大学生心理健康教育,开设心理健康教育课,对大学生进行科学人生观、异性友谊和爱情、法制观念等方面的教育。

第二,尊重大学生的个体差异,帮助学生树立自信,提高学生的环境适应能力、自主学习能力和解决问题的能力。

第三,大学生群体中存在一些不良行为习惯,如抽烟、通宵上网、吃垃圾食品等,对此,学校应采取正确合理的方法对其进行教育,使其快速改正。

第四,帮助大学生树立正确的人生观,使其学会客观准确地进行自我评价,促进大学生个性的完善与人格的健全。

第五,开展心理健康咨询活动,帮助大学生预防与消除常见的心理障碍。

第六,宣传与普及心理卫生知识,促进大学生心理健康水平的提高。

第四节　改革体育教学

健身功能是体育教学的本质功能，科学的体育教学可有效促进学生身心健康。因此，对高校体育教学进行改革，以优化体育教学质量，充分发挥体育教学的功能，对促进大学生健康成长及其他方面的发展具有重要意义。下面着重研究高校体育教学改革的几个关键点。

一、科学开发与利用体育课程内容资源

（一）尊重学生的主体性，面向学生的日常生活

学生是学习主体，学生的主体性能否得到充分发挥，在一定程度上受课程资源设置情况的影响，如果体育课程中设置的内容与学生的生活没有密切的关系，就很难引起学生内心的共鸣，这样学生就不会主动发挥自己的主体性。如果学生的主体性得不到发挥，其就难以学到知识与技能，也无法在体育课上增强体质、发展个性。因此，开发体育课程内容资源，必须对学生的主体性予以尊重，贴近学生的现实生活，面向学生的身心特征、发展需求及其他客观实际而设置课程内容。另外，体育课程内容资源还包括学生的经验，学生的真实生活是这部分资源的直接来源，有些内容资源象征着学生的智慧。如果在体育教学中能够有效开发和利用这些资源，并根据教学内容资源对体育教学方式和学习方式进行适当的变革，则能够使学生在体育课上充分发挥自身的主体性。

开发体育课程内容资源不但是体育教师发挥创造性的过程，也是师生之间进行良好互动的过程，更是学生主体性发挥的过程。结合学生的日常生活、直接经验开发体育课程内容资源和课

外体育活动,能够将学生学习的积极性激发出来,提高学生学习的效率。

(二)以运动技术教学与身体锻炼为载体,有效促进学生身心健康

体育课程教学的主要目标是使学生掌握运动技能,增强学生体质。开发体育课程内容资源时,具有技术性和运动实践性的内容是重点开发的内容。运动技术是体育教学的主要内容,也是让学生在体育课上体验运动乐趣的载体,它有一定的难度,但正因如此,学生的好奇心、学习兴趣才能被激发出来,学生完成有一定难度的运动技能,既能增强体质,又能锻炼意志,还能提高社会适应能力。

如果体育教师将没有技术性和毫无技术难度的内容作为开发对象,那么这样的课程内容很难激发学生的学习兴趣,而且这样的体育教学也失去了意义。此外,对体育课程内容资源的开发与利用也对体育课程教学任务的完成、体育课程改革方向的确定有直接的影响,因此,开发与利用体育课程内容资源,必须关注开发对象的技术性、健身性和实践性。

(三)开发体育课程内容资源的教育因素

体育的教育功能体现在很多方面,可以说是全方位的,如增强体质、开发智力、丰富情感、培养审美情趣、完善个性、提升内在品质、提升社会适应能力等。任何事物都是在一定的条件下发挥自身功能的,体育同样如此,其需要具备一定的条件才能发挥教育功能,这里的条件主要是指以体育课程内容资源中的教育因素为依托。

体育课程内容资源的教育因素主要从两个方面体现出来:一是体现在体育教学内容本身的价值上,二是体现在体育教学内容在学生参与运动时所发挥的教育功能上。例如,民族传统体育运动本身就具有鲜明的民族文化特征,蕴涵着丰富的民族文化要素,学生在学习这些项目的知识及参与这些项目的过程中对民族

传统文化进行传承与弘扬，这有助于激发学生的民族情感，增强学生的自尊心、自豪感，这是民族传统体育项目独特的教育功能。又如，流行球类运动具有先进的时代文化特色，学生参与这些运动，有助于形成勇敢顽强、自信不屈的个性品质，也能提高团队协作能力。

总之，不管是从学生成长与发展的需求来看，还是从体育教育本身发展的内在要求来看，都应大力开发体育课程内容资源中丰富而深刻的教育因素。

（四）开发隐性体育课程内容资源

在开发与利用体育课程内容资源的过程中，也不能忽视对隐性资源的开发与利用。隐性体育课程内容指的是体育知识、体育技术技能中隐藏的关于体育意识、体育情感、体育精神以及学生人格（心理、性格、社会化）教育等方面的内容。[①] 隐性体育课程内容同样具有重要的教育功能，如培养学生的个性品质、提升学生的心理素质和锻炼学生的社会适应能力等。不过，具有隐蔽性、不确定性的隐性课程内容资源开发起来有一定的难度，需要体育教师有意识地通过丰富的教学实践活动来深入开发，并在体育课堂上将这些内容呈现出来，帮助学生深入学习。

二、灵活设计体育教学组织形式

（一）按学生的体质情况分班分组，促进教育与卫生保健的结合

在高校体育教学改革中，出现了一种比较常见的教学组织形式，即按学生体质的强弱进行分班分组，先是在一个自然班内按体质分组教学，后来逐渐扩展到一个年级中按学生体质强弱分班教学，打破了原有的教学组织形式。采用这种教学组织形式，首

① 王崇喜．体育课程与教学改革研究[M]．郑州：河南大学出版社，2014．

先要了解学生的体质情况，即以体质测评结果为依据来判断学生体质强弱，然后进行分组，根据各组学生的体质健康状况进行针对性教学，以有效解决部分学生“吃不饱”和部分学生“吃不了”的问题，最终促进全体学生体质的增强。

(二)按学生的素质能力分班分组，缩小学生的个体差异

随着体育教学的不断深入改革，在“按学生体质健康状况分班分组”教学形式的基础上又出现了按学生素质能力分班分组的新型教学组织形式。采用这种教学组织形式，需要先了解学生的身体素质和基本运动能力，然后确定学生的身体素质等级，再采取分班分组的形式进行教学，这种教学组织形式的针对性更强，充分体现了体育教学中因材施教和区别对待的重要原则。

(三)按学生的兴趣、特长分班分组，促进学生个性能力的充分发挥

学生根据自己的体育兴趣爱好和运动特长而从若干教材内容中选择自己想学习的内容，学校根据学生所选的专项进行编班上课，这就是按学生兴趣、特长分班分组的教学形式。采用这种教学组织形式有助于对学生的体育兴趣进行培养，促进学生良好锻炼习惯的养成和运动特长的发挥，引导学生热爱体育，掌握科学丰富的锻炼方法，在科学锻炼中增强体质，并为终身体育奠定基础。

三、合理选用现代体育教学方法

现代体育教学方法是以“学懂”和“学乐”为主要目标，即以促进学生更好地进行集体性思考和提高教学的探究性与创造性，更好地发扬以教学民主为主要目标的体育教学方法。① 现代体育教学方法具有培养学生探究意识、促进师生及生生之间互动、提供

① 王崇喜．体育课程与教学改革研究[M]．郑州：河南大学出版社，2014.

学生的个性化学习能力等重要功能。在体育教学中,常用的现代教学方法有探究学习法、合作学习法、自主学习法、发现学习法等,教师合理选用这些教学方法能够有效提高教学效果,使学生获得很大的收获。不过,合理选用现代体育教学方法需要注意以下几点。

(一)要明确目的

现代体育教学方法是对传统体育教学方法(单纯传授运动技术为主)的补充与修正,体现了体育教学的民主性,对陶冶情感、培养能力、促进交往及社会性发展具有重要意义。体育教师只有理性分析为什么要改革传统教学方法,以及应该对哪些部分进行改革,才能更清楚地知道应该如何将现代体育教学方法运用到课堂中去。

(二)要明确教学对象

整体来看,体育教学方法是一个大概念,它面对的是所有教学对象。而具体到某个教学方法时,这个概念就变小、变具体了,它面对的是比较具体的教学对象。因此,体育教师要先明确教学对象,了解教学对象的身心特征、学习基础及学习需求,然后再评价和运用体育教学方法。如果没有做到这一点,用错了对象,那么教学方法即使再好,也无法发挥其本身的作用。

(三)要明确适用的教材

体育教学中使用的教材不同,对应的教学方法也有一定的差异,并不是说任何一种教学方法都适用于所有教材,或者说每种教材都适合采用任何一种教学方法,因此,在体育教学中充分考虑教材的特性,选择适合教材的教学方法非常重要,这样才能提高教学效果。例如,浅显的介绍性和锻炼性教材不适合采用探究性教学法、发现式教学法等教学方法,而有一定深度和较强原理性的教材则适合采用这些教学方法;某些球类教材适合采用领会教学法、完整与分解教学法等。

(四)要明确运用时的限制

在体育教学中，切忌毫无节制地使用任何一种教学方法，即使是再好的教学方法也不能没有限制地用个不停。例如，有些体育教师喜欢在课堂上使用游戏教学法，想通过游戏教学来活跃课堂气氛，吸引学生的注意力，培养学生的兴趣，使学生获得快乐的学习体验，但如果使用无度，比如整节课都是以游戏为主，就未必能取得好的效果，甚至会使体育课堂显得幼稚，使学生忽略课堂学习任务和目标。

四、正确运用体育教学模式

(一)正确分析判断

对于他人研究提出的体育教学模式，体育教师要在正确分析与判断的基础上合理使用，具体可从以下几方面进行分析。

第一，分析该教学模式构建的教学理论基础，包括教学理论的先进性及其与现代教育思想的一致性。

第二，分析该教学模式构建的层次基础，如教学思想层次、教学目标层次、教学方法层次等。

第三，分析该教学模式构建的基本框架，包括框架的合理性与可操作性。

第四，分析该教学模式的特性、优缺点、应用条件、应用价值及适用范围等。

教师可在准确分析上述内容的基础上，决定是否使用该教学模式，或明确该模式是否值得借鉴。

(二)有机整合教学模式的精华部分

不同教学模式的构建层次、功能、适用对象、使用条件等都有一定的差异，因而，能够实现的教学目标也不尽相同，而且所有教学模式都不是万能的，它有自己的独特性，也有自己的局限性。所以，在体育教学中不要完全照搬套用他人研究的体育教学模式，体育教师要根据自己的分析判断，根据课堂教学需要和其他客观情况而选择不同教学模式的精华部分，并加以综合，将此作为自己学习与借鉴的重要素材。

（三）对教学模式进行再创造

体育教师在分析判断、整合的基础上积累了学习与借鉴的素材后，要从学校的教学条件、自己的教学经验与教学风格以及教学对象的实际情况等方面出发，科学加工与改造素材内容，从而创造出更符合各方面条件与实际情况的体育教学模式，然后将其灵活运用到体育教学实践中，而且在实践中也要不断修改模式，不断改革创新，使原来的模式趋于完善，并创造出更多的新模式。

总之，在体育教学中对较为成熟的教学模式适当地借鉴与应用，有助于提高教学效果和教学水平。一般年轻的体育教师更习惯于借鉴他人研究的体育教学模式，但要注意一点，任何模式都有自己的局限性，不要将某种模式的功能价值过分夸大，也不要强行推广和应用。借鉴任何一种教学模式，都要考虑教学实际、考虑是否有利于实现教学目标、考虑最后的教学效果，如此才能最大化地发挥体育教学模式的作用，改善教学效果。

第五章　高校外部对大学生体质健康的监控方案

大学生体质健康既需要高校内部的监控，也需要家庭、社会、政府部门的外部监控。外部监控涉及的范围较广，能够弥补内部监控的不足。内外联合起来对大学生体质健康进行严密监控，能够有效改善大学生的体质健康现状，为大学生的健康保驾护航。前面研究了内部监控方案，本章着重对外部监控方案展开研究，具体包括家庭、社会及政府对大学生体质健康的监控与干预。

第一节　家庭对大学生体质健康的监控与干预

一、加强家庭健康教育

家庭环境会在很大程度上影响大学生的个人行为方式和健康。在进行大学生健康干预时，需要将家庭在行为改变中的社会支持作用考虑在内。因为一些校园常见病与大学生个人饮食行为习惯密切相关，而这些行为习惯一般是一个家庭中所有成员的共同习惯，因此，有必要从家庭的角度进行干预，从而改变大学生的不良行为习惯，促进大学生健康。

家庭健康教育涉及家庭卫生、生活方式、运动与营养、心理健康、疾病防治等内容。开展家庭健康教育需要注意以下几点。

(一)家庭动员

家庭健康教育活动的开展离不开家庭成员的支持，家庭成员应对自己家庭的健康问题有一定的了解，要有学习健康知识和改变不良行为习惯的意识，要对家庭的健康有信心。只有当家庭成员真正愿意接受健康教育，愿意主动改变行为习惯时，家庭健康干预才算是成功。例如，为预防心脑血管疾病，家庭成员自愿改变饮食习惯，主动对家庭资源分配形式进行调整，给予家人一个更好的健康保障。

（二）开展家庭健康问题诊断

家庭成员共同查找、分析家庭主要健康问题，必要时可以向社区卫生工作人员请求帮助，具体方法有问卷调查法、现场观察法和家庭成员讨论法等，确定家庭内存在的主要健康问题后，针对这一问题提出解决方案和行为改变目标。

（三）对主要家庭成员进行健康培训

培训主要家庭成员主要是为了使其对健康知识和技能有所掌握，并传播给家庭中的其他成员，履行对家庭其他成员进行健康教育的责任，以家庭健康管理者的身份对家庭成员进行教育和监督。

（四）组织家庭健康行动小组

家庭健康行动小组是由几个家庭组织起来的，该小组既有一定的组织性，也有一定的自由性。家庭健康教育小组的活动时间和频率由小组成员共同商定，时间和频率一般相对固定。小组成员共同决定小组活动的形式和学习的内容，可将参与式培训、自我导向学习方式作为参考。小组成员主动收集健康资源，并相互分享，相互监督，共同进步。

在组织家庭健康行动小组的过程中，可以请参加的家庭制定一个学习和健康促进计划，设定阶段性目标，小组活动围绕阶段性目标的实现逐一展开。

（五）建立家庭成员间的相互支持关系

在个人行为改变过程中，得到家庭成员的支持十分重要，家庭成员相互支持是改变个人行为的重要推动力。例如，正在减肥的人需要得到家庭成员在情感、饮食控制和计划督促等方面的支持。

二、开展家庭体育活动

现在很多家长都一味强调子女的文化课成绩，而对参加日常体育锻炼不够重视，这是青少年学生步入大学后体质处于较低水平的一个主要原因。针对这个问题，家长应创造机会，和子女共同参加丰富多彩的体育活动，改善子女的机体能力，提高他们的健康水平。开展家庭体育活动可以调动家庭成员的体育兴趣，缓解紧张情绪，满足情感需求，获得快乐的体验等，这也是家庭对大学生体质健康进行干预与监控的重要手段之一。为推动家庭体育活动的大力开展，应从以下几方面努力。

（一）加强对家庭体育健身的宣传

全民健身是一项促进全民健康、提高全民素质的一项系统工程，全民健康是现代社会发展的需要，也是建设体育强国的需要。要想进一步发展全民健身，就必须充分利用丰富的媒体来加大宣传力度，使这项工程在各个家庭中得到落实，让所有家庭成员都树立深刻的全民健身理念，提高家庭成员自主积极进行运动锻炼的意识。

（二）养成良好的体育生活方式

现代社会生活方式应与人们的身心健康共同发展。现代社会倡导科学、文明、健康的生活方式，体育生活就是这样一种生活方式，它贴近人的本质，体现人的价值，对人类健康非常有益，因此，必须大力倡导这种生活方式。将体育生活方式融入每个家庭，作为每个家庭的一个重要组成部分，对家庭成员的健康会大有裨益。

（三）丰富家庭体育的组织形式

现阶段，我国家庭体育组织结构单一，组织形式不够丰富，家庭体育健身活动开展有限，这直接制约了家庭成员的健康和良好体育生活方式的形成。要开展富有特色的家庭体育活动，就必须从自身发展需要出发，同时可参照世界发达国家已经形成的较为成熟的活动形式，在考虑自身实际情况和结合国外经验的基础上，创立“家庭体育节”“家庭体育健身计划”“家庭体育竞赛”等，使家庭成员积极参与体育锻炼，并从中获得健康和快乐。

（四）构建与完善家庭体育服务体系

在社会主义市场经济条件下，我国很多社会服务职能都在向社区和家庭中转移，且有很多服务职能都已成功转移，其中就包括体育服务职能，其有力地推动了社区和家庭体育服务的发展，由此也促进了家庭体育健身服务的形成与发展。

构建家庭体育服务体系，要充分体现多元化，使人们转变传统观念意识，树立科学健身锻炼的理念，这对普及文明、科学、健康的社会体育生活方式、提高家庭成员的健康质量及推动社会可持续发展具有重要意义。

第二节　社会对大学生体质健康的监控与干预

一、保护环境

环境与大学生的健康有着密切的关系，环境污染会引起疾病，严重影响大学生的体质健康。因此，从社会视角促进大学生健康成长，首先要做好环境保护工作，具体可从以下几方面入手。

（一）提高环保意识

保护社会环境，需要借助全体社会成员的力量，因此提高公众的环保意识非常必要。具体可从以下几方面努力来提高人们的环保意识。

(1)大力宣传环保的重要性,提高公众环保意识,使每个人都付诸行动来保护环境。

(2)政府、工业污染大户等要接受来自公众、新闻媒体的监督,公众可以适当给政府施加压力,以促进环保政策真正落实。

(3)民间环保组织充分发挥作用,积极参与到政府的相关决策中,以营造良好的社会环保、节能氛围。

(二)建立健全环保机制

(1)政府加大资金投入力度,主要用于防治污染、保护生态、建立环保试点等,以提升环保监管力度,为开展环保工作、开发环保技术提供资金保障。

(2)在环保基础设施建设方面,要引导社会资金的投入和社会各界的广泛参与,以拓展社会资金筹集渠道,使各类所有制经济实体都能投资污染治理设施建设,扩大运营规模,提高治理效果。

(三)健全环境保护法律法规,提高执法力度

(1)制定新的环保法律法规,完善现有法律法规,切实解决化学污染、土壤污染、水污染、生物安全、生态保护、臭氧层保护、核安全和环境监测等问题,为环保工作的落实提供法律保障。

(2)对各类工业开发区的环境情况要严格监督与管理,若发现存在环境污染问题,下令限期整改,并定期检查。

(3)健全法律援助机制,切实保障污染受害者的安全与利益,制定与完善环境民事和行政公诉制度,利用法律手段来惩戒破坏环境的违法行为。

(四)推动环境科技进步,加强环保队伍建设

(1)大力建设环保科技基础平台,将重大环保科研项目纳入国家科技规划,优先开发,积极组织关键技术和共性技术的科技

攻关，重点组织重大环保技术的科学研究与开发，搞好产业化示范，加快高新技术在环保领域的广泛应用，积极推广先进的环保技术，高效利用，大力促进科技成果的顺利转化。

（2）促进环境监察体系、监测体系和应急体系的健全，对环保人员的管理、培训要严格、规范，提高环保工作者的专业素质，建设优秀的环保队伍。

（五）完善环境管理体制与监管制度

（1）建立健全“国家监察、地方监管、单位负责”的环境监管体制，加大国家对地方政府及其有关部门执行环保法律法规情况的监察力度。

（2）地方政府对本辖区环境质量要高度负责，切实做好污染防治和生态保护工作。

（3）各类法人和其他组织负责解决自身的环境问题，承担污染治理和生态恢复责任。

总之，社会各界要不断努力，真正行动起来，不断实现环保目标，实现可持续发展的战略目标，为提高包括大学生在内的所有国民的健康水平而努力。

二、创建健康促进社区

健康促进社区指的是在保护和促进人们健康方面而持续努力的社区，包括创建对健康支持的、可持续发展的环境，创造安全、舒适、满意、愉悦和健康的生活、工作、休闲条件，提供各种文化娱乐和健身场所，以利居民相互沟通。健康促进社区有广义和狭义之分，广义的健康促进社区强调全面认识健康，即健康不仅需要卫生保健服务，更要具备空气清洁，饮用水安全卫生，交通畅通，环境安静、美丽、安全，物质生活适宜等条件。狭义的健康促进社区主要从卫生保健服务、营养供给等方面出发，强调卫生防病工作，依法加强食品卫生、公共场所卫生管理，防治传染病，控制地方病、食物中毒和其他疾病的传播和流行等。[①]

下面着重分析健康促进社区的创建原则与步骤。

（一）健康促进社区创建的原则

1. 综合干预

综合干预指的是针对多种健康风险因素，从个人、集体、政府等多个层面采取多种有效策略来进行干预。

2. 一般人群干预和高风险人群干预相结合

一般人群是指社区中全部人员，对其的主要干预手段包括法律、政策、人际传播活动、大众传播媒介、社区物质环境变化等。高风险人群指的是吸烟者、营养不良者、缺乏体育锻炼者、破坏社区环境卫生者等暴露在各种风险因素下的相关人群。对于这部分人群，不仅要采取针对一般人群的干预策略，还要采取专门针对他们的独特性而有针对性地采取相应的干预策略，从而提高健康服务的质量，缩小不平等差距。

3. 多部门合作

影响健康的因素是丰富而复杂的，这就决定了必须由多个部门合作来解决健康问题，不能仅仅依赖个别部门来解决。各相关部门在政府的领导下相互合作，将各自的优势充分发挥出来，如此才能使社区人群的健康问题得到有效解决。

4. 与其他场所健康促进工作相结合

创建健康促进社区，应与社区中其他场所的健康促进紧密结合，如学校健康教育、医疗卫生机构的健康工程等，这样才能形成有机整体，实现资源共享，提高整个社区的健康服务水平，促进社

---

① 王向阳，程玉兰．健康教育与健康促进基本理论与实践[M]．北京：人民卫生出版社，2016.

区所有人员的健康。

（二）健康促进社区创建的基本步骤

创建健康促进社区，应按以下步骤有序开展工作。

第一，以相关政策及实施倡议为依据而设计健康促进社区的项目试点申请书，申请书中包含的内容有申报单位的联系人和联系方式、社区基本情况、申报说明和当地卫生计生行政部门的相关意见等，然后将起草好的申请书提交给上级部门。

第二，辖区政府审核申请书，在政府工作计划中纳入创建健康促进社区工作这项内容，并提供经费支持、政策支持及其他方面的支持，成立专门的工作委员会和专家技术指导组，并制定具体的工作步骤，以有序实施健康促进社区的创建工作。

第三，制定健康促进社区创建的管理体系和评价标准，包括工作管理机构和负责人、参加部门、执行机构、工作范围、工作目标、具体活动、工作经费、考核指标等。

第四，政府结合健康促进社区创建任务，积极组织相关部门制定各项政策，为社区居民健康服务。

第五，健康教育机构和疾病预防控制机构在卫生计生行政部门的领导下对创建健康促进社区的理念进行大力宣传，利用大众媒体、公益广告等手段开展丰富多彩的传播活动，动员社区全体人员积极参与健康促进社区创建活动。

第六，社区政府监督各部门履行职责，落实政策。健康教育专业机构要充分发挥自身的作用，特别是发挥自身的技术优势，提高健康服务水平。

在健康促进社区创建中，各级健康教育机构和疾病预防控制机构的人员要积极配合地方政府，按照当地卫生计生行政部门的工作要求，因地制宜开展工作计划，积极组织实施、策划相关重要活动，科学实施效果评估，开展技术指导和培训，以提高健康促进社区创建的效率。

三、加强健康的社会管理

健康的社会管理指的是由专业健康管理服务机构评估个人和群体的健康状况、生活方式和居住环境，从而有针对性地为个人和群体提供健康指导，并实施干预。健康的社会管理也是个体化健康管理服务，它建立在个人健康档案和信息化管理技术的基础上，从社会、心理、环境、营养、运动的角度为个人或群体提供全面的健康保障服务。①

健康的社会管理是一个由专业人员主导完成的，包括全面监测、分析、评估以及预防健康危险因素等一系列环节的过程。社会健康管理服务系统应包括四个子系统，如图 5-1 所示，如此才能保证服务系统功能的完善性。

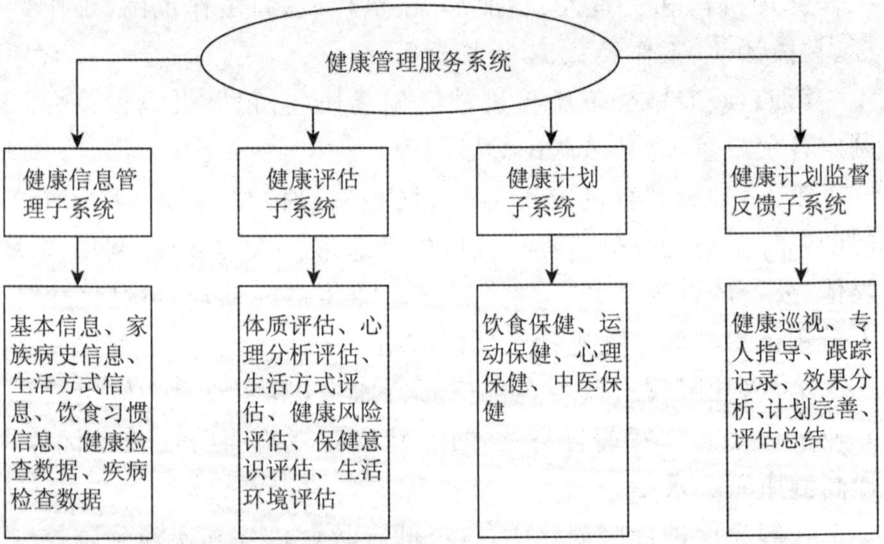

图 5-1②

大学生体质健康的社会管理主要包括如下工作。

---

① 王健等．健康教育[M]．北京：高等教育出版社，2006．

② 同上．

(一)健康信息的采集与追踪管理

实施健康的社会管理,首先要采集健康信息,并进行追踪管理,这不仅是健康管理的第一步,也是在健康管理的整个过程中都要贯穿的一个工作环节。这是社会健康管理服务的基础,只有采集了正确的健康信息,才能展开健康管理服务。

健康信息采集内容比较丰富,具体见表 5-1。

表 5-1 健康信息采集内容

主要因素	具体内容
生物遗传因素	年龄
	性别
	身高
	体重
	……
心理因素	个性
	情绪
	紧张度
	……
行为及生活方式因素	饮食
	吸烟与饮酒
	睡眠
	运动
	……
社会环境因素	家庭关系
	生活环境
	……
医疗服务因素	个人健康意识
	社会健康保障体系
	医疗投资及医疗技术水平
	……

续表

主要因素	具体内容
其他因素	生长发育过程
	预防接种情况
	个人病史
	家庭病史
	……

（二）健康评估

健康评估的目的主要体现在以下两个方面。

第一，及早发现潜在疾病，做好早期治疗工作，以预防产生更严重的疾病。

第二，将个人有关方面的现实状况（如个人生理及心理状况、生活行为状况、社会环境等）综合起来，科学预测与评价个体健康发展状况，及时发现疾病危险因素，确定个人患病的可能性与危险程度，由专业人员制定干预措施。

（三）健康计划与健康指导

以健康评估结果为参考，针对管理对象中普遍存在的重大健康问题而举行专题医学讲座，对疾病预防知识进行普及与宣传，指导人们预防有关疾病。

此外，以健康调查和评估结果为依据，对个体化的干预与保健计划进行制定，以控制危险因素。计划内容包括以下几方面。

(1)临床常见疾病和健康问题的处理。

(2)慢性病和其他类型疾病的管理，包括康复期的管理。

(3)定期检查身体。

(4)从健康膳食、运动指导等方面进行生活干预。

(5)从戒烟、限酒、调整作息等方面矫正不良行为方式。

(6)提供心理咨询、心理疏导等心理支持，以缓解压力，促进心理健康和改善社会适应能力。

(四)健康计划的监督

健康管理质量是否有所保障,管理效益是否能够达到预期,关键取决于健康计划的监督与反馈这一环节,重中之重是要做好效果分析工作,这主要是为了及时发现健康管理服务中的问题,以管理对象的健康情况及动态变化为依据来调整健康计划,使之与管理对象的特征更符合,这对促进健康目标的实现具有重要意义。

第三节 政府对大学生体质健康的监控与干预

一、制定落实法律法规

(一)制定法律法规,加大监督力度

各级行政部门全面且深入地贯彻国家的教育方针,全面推进素质教育,严格督促与检查地方教育行政部门和高校对相关法律法规的贯彻落实情况,使相关法规政策在学校真正得以落实。

相关行政部门增加对高校体育的资金投入,保障学校体育经费的高效利用,促进体育工作的顺利开展。

(二)结合各地实际情况细化和落实全国性综合法律

我国政府针对全国体育发展的总体状况而制定了《中华人民共和国体育法》,其相关条款与规定虽具有明显的呼吁性,但缺乏约束力、针对性和较强的可操作性。因此,在具体实践中应与各地区实际情况结合起来,依据国家总的法律制定与完善更加符合各地区具体情况的配套法规,提高法律法规的针对性和实效性。

(三)修订和完善相关法律法规

《中华人民共和国体育法》《全民健身条例》《学校体育工作条例》在我国颁布实施已有很长时间,其中难免有些与当今现状不符的情况，因此要从现实需要出发修订与完善这些法律，进一步明确规定不同类型的社会组织在大学生体质健康中应履行的职责。在修订《学校体育工作条例》等法律法规时，应重点关注学生体质健康问题，充分发挥相关法律法规对大学生体质健康的保障作用，并逐步完善配套法规体系，提高法律法规的约束力。

二、教育、体育行政部门加强对《标准》实施工作的指导与管理

《标准》的实施是教育、体育行政部门的一项重要工作。各级教育、体育行政部门对《标准》的组织管理及指导具体可从以下几方面展开。

（一）加强宣传与管理，提高认识

各级教育、体育行政部门要积极宣传《标准》，使各有关部门、学校和全社会都意识到，《标准》的实施是全面推进素质教育的重要工作。把实施《标准》的工作纳入议事日程，成立领导小组，设立专门机构，自上而下建立领导体制，设专人负责，实行岗位责任制。各地（市）及各高校应根据有关要求和当地情况统一布置，按时确定并公布选测项目，制定实施计划，层层发动，组织学生参加体质测试。

（二）统一部署，密切配合，共同领导

各级教育、体育行政部门之间要密切配合，统一思想，分工合作，严格贯彻落实《标准》，体育部门主要负责指导、辅导、协调、监督和统计资料等工作。教育部门主要负责培训师资、组织测试、数据统计等工作。具体工作中要坚持统一计划、统一部署、统一检查验收和统一评比表彰等原则。

（三）建立与完善管理制度

为保证《标准》的顺利实施，应在各地政府的统一领导下实行分级管理，建立层层负责、级级承包、任务落实的管理制度。

（四）《标准》的实施与体育教学及各项体育活动相结合，注重效果

《标准》的实施主要是为了促进学生体质健康、激励学生积极进行身体锻炼。为了达到这一目的，各级教育、体育行政部门要指导各校将实施《标准》与体育教学和校园体育活动充分结合起来，通过激励学生积极锻炼来提高体质测试成绩，如将实施《标准》与开展“全国亿万学生阳光体育运动”相结合；在大课间活动中加强对测试的组织与实施；将实施《标准》与学校运动竞赛相结合，等等。

（五）严格检查与验收，保证质量

为保证《标准》的实施质量，需制定严格的检查验收制度。检查验收制度具有层级性，具体可包含四级：一级为基层学校自查、自检；二级为县区抽检；三级为各市抽检；四级为省抽检，层层把关，杜绝弄虚作假。

（六）表彰先进，促进工作的积极开展

政府部门领导要重视《标准》在高校的落实情况，定期进行评比表彰，使《标准》深入人心，调动各校落实体质测试工作的积极性，提高大学生体质健康水平。

三、构建公共体育服务体系

公共体育服务体系发展是我国实现服务型政府职能的有效途径，是满足学生体育需求、健康需求；提高学生身体素质；完善全民健身体系的重要载体，是实现“体育强国”战略目标的重要途径，因此建立健全公共体育服务体系势在必行。构建公共体育服

务体系，主要包括以下内容。

(一)公共体育服务组织保障体系建设

我国的体育组织有政府体育组织与非政府体育组织之分。其中，政府体育组织包括国家体育总局组织、省体育局组织、市体育局组织等。国家体育总局、省体育局、市体育局是我国公共体育服务管理的主要行政部门，如图 5-2 所示；非政府体育组织包括体育俱乐部、体育协会，前者属于营利性组织，后者属于非营利性公益组织，因此有不同的组织结构。体育俱乐部、体育协会的组织结构分别如图 5-3 和图 5-4 所示。

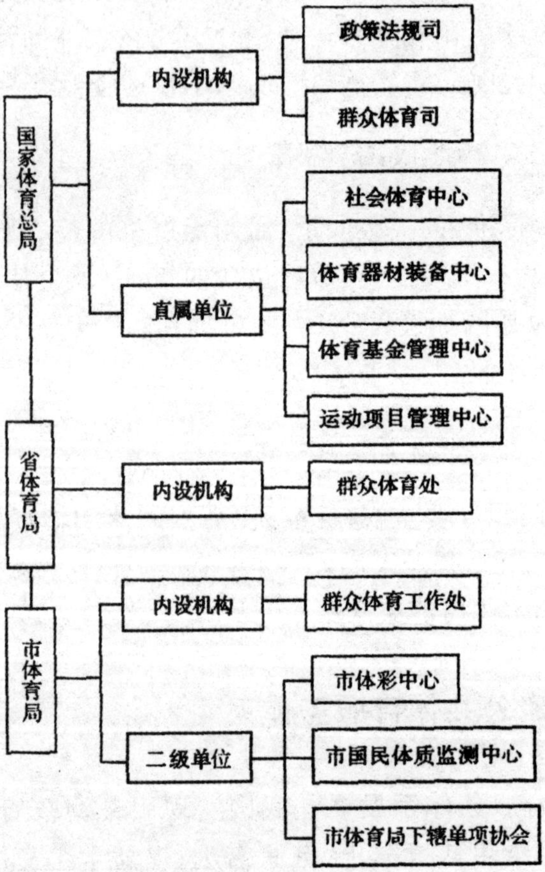

图 5-2

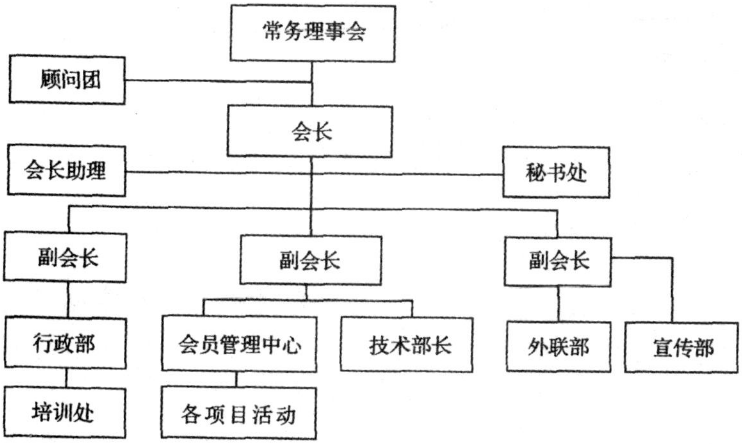

图 5-3

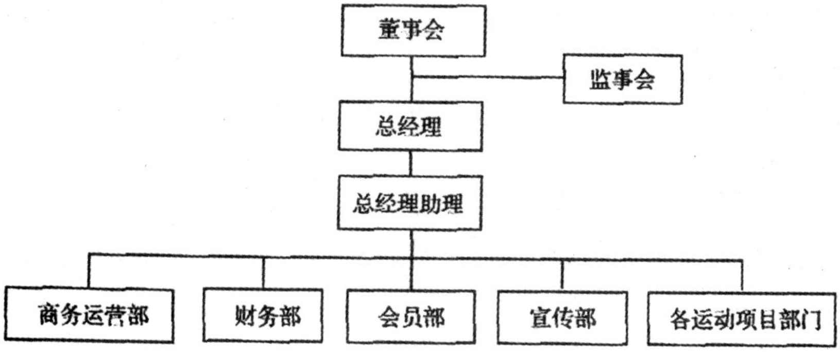

图 5-4

建设公共体育服务组织保障体系，要达到几个要求，如与我国群体体育整体发展需要相契合、体现公共体育服务体系建设诉求、反映公共体育组织服务现实问题以及满足群体健身参与基本组织要求等。具体战略如下。

(1)从理念上弄清楚公共体育服务体系建设的重点，将基层社区的体育组织建设作为重点工作来抓，重视群众身边的组织。

(2)分门别类，注重互补，先对组织进行分类，采取不同的治理策略，使不同类型的组织都能发挥自己的功能与优势，并通过功能互补使不同社会阶层的体育需求得到满足。

(3)盘活存量，将现有的基层组织充分利用起来，促进其进一步发展，发挥其服务功能，从而节约成本和时间，迅速供给体育组织服务；提升增量，投入一定的体育资源来建立新组织，优先考虑群众迫切需求的组织服务。

(4)多管齐下，注重实效，将组织建设与体育文化建设、体育人才建设、政府职能转变、基层社区建设等有机联系起来。

(二)公共体育服务信息保障体系建设

在公共体育服务体系建设中，政府要通过公共体育信息服务平台给社会各阶层提供公共体育信息，从而满足公众了解体育信息的需求。公众对体育信息是否满意，主要从五个方面来评价，如图 5-5 所示。这也是提高公众对公共信息服务的满意度的努力方向。

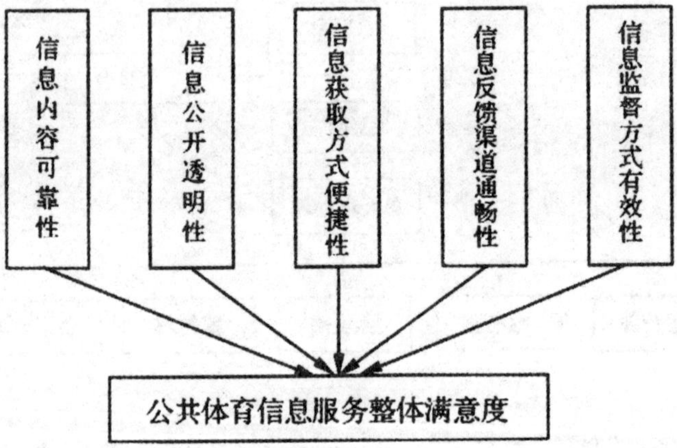

图 5-5

公共体育服务信息保障体系的建设是一项系统工程，具体包含宏观、中观和微观三个层面，如图 5-6 所示。

图 5-6 也反映了我国建设公共体育服务信息保障体系的基本模式。基于该模式构建的公共体育服务信息保障体系应包含七个要素，分别是信息资源建设、信息组织机构保障、信息技术保障、信息经费保障、信息人力资源保障、信息法律法规和政策保障以及信息工作协调管理，如图 5-7 所示。

具体而言，应从以下几方面来努力构建与完善公共体育服务信息保障体系。

(1)突出公共体育服务信息界面,明确公共体育信息服务内容。公共体育服务体系的基本内容结构如图 5-8 所示。

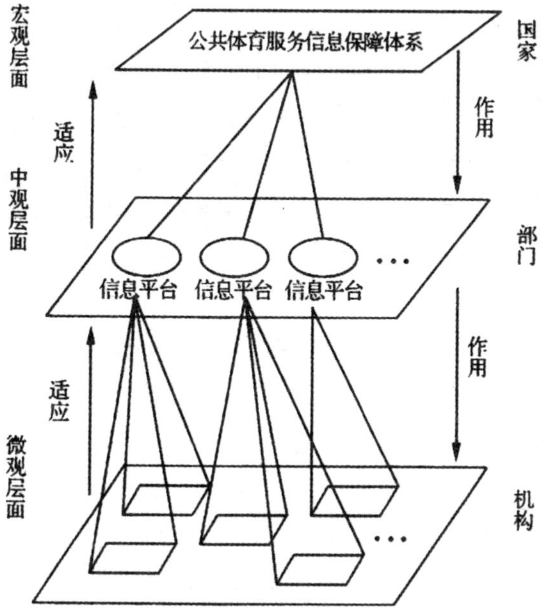

图 5-6

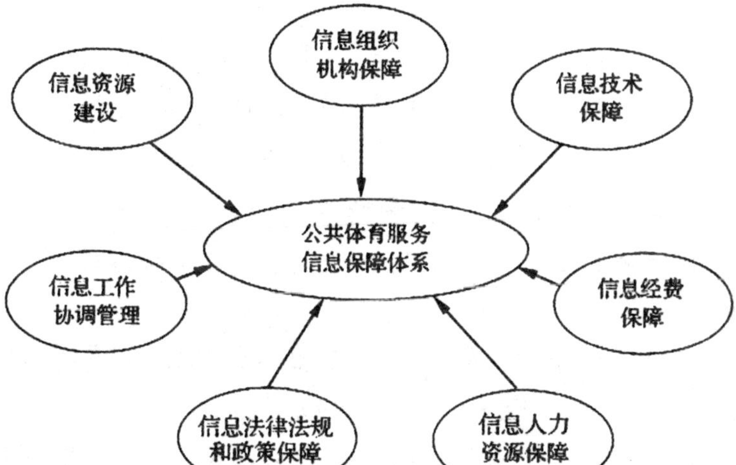

图 5-7

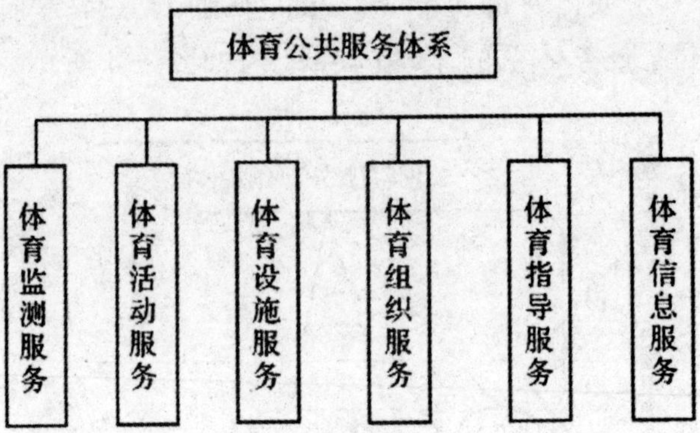

图 5-8

了解公共体育服务体系的内容能够为我们明晰公共体育服务信息内容提供指导,有关学者经过对有关体育行政部门的调查与访谈后提出,我国公共体育服务信息体系应包含图 5-9 中的几项内容。

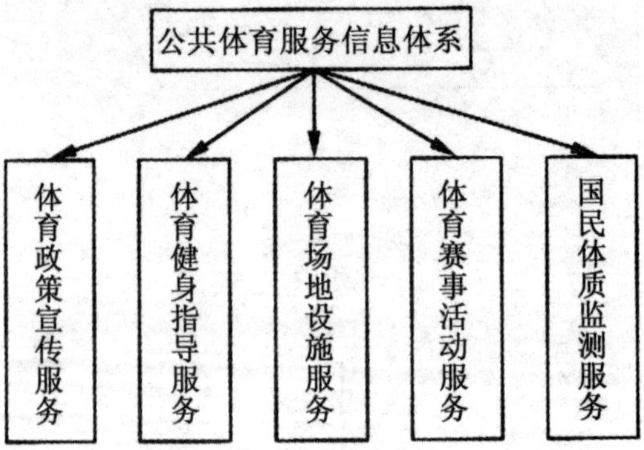

图 5-9

(2)开发公共体育服务信息平台,健全与完善国家级公共体育服务保障机构。

(3)组建与培养优秀的公共体育服务信息工作团队,该团队必须要有高超的业务能力,能高效完成工作。

(4)大力建设信息保障的法律法规与政策,并进行标准化、规范化管理。

(5)结合公共体育服务信息需求的实际情况合理分配资金投入配比,协调各级信息保障机构与组织的实际利益。

(三)公共体育服务评价体系建设

公共体育服务评价主要是指绩效评价,侧重于政府管理部门的公共体育服务供给的内部评价,设计评价指标时要同步重视公共体育服务的过程及结果,避免从单一视角进行评价,要通过评价准确反映社会公众的满意情况。

构建公共体育服务绩效评价指标体系,除了需遵循价值性原则、科学性原则、全面性原则、操作性原则、层次性原则、定量与定性相结合原则等一般原则,还应遵循以服务为导向、灵活权变原则等特殊原则。

公共体育服务绩效评价是一个复杂的工程,从不同角度看包含不同的内容,一般从主体角度、内容角度及评价视角三个维度来进行相互交叉分析,而基于这三个维度形成了如图 5-10 所示的公共体育服务绩效评价指标体系的理论框架。

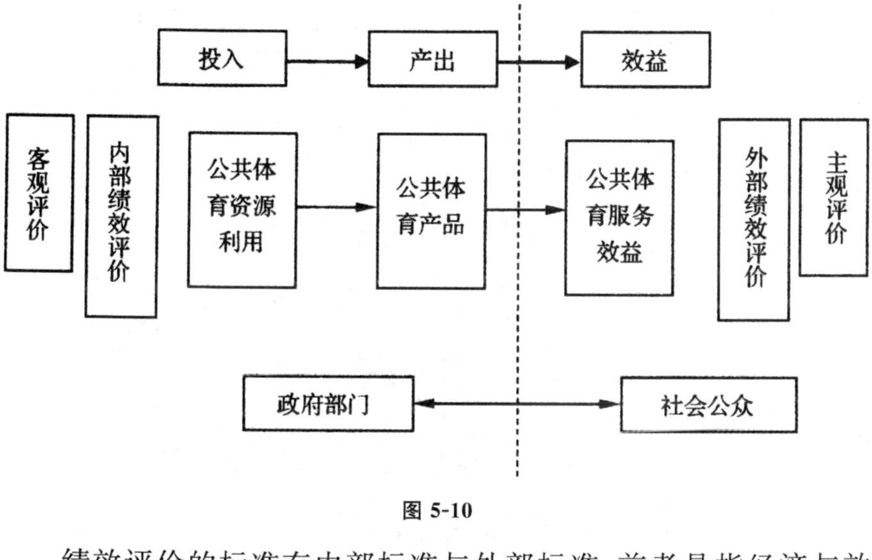

图 5-10

绩效评价的标准有内部标准与外部标准,前者是指经济与效率,主要用客观评价方法,后者是指效益,主要用主观评价方法。确立我国公共体育服务绩效评价的指标体系,首先应该组建指标体系的结构模型,一般采用层次分析法,如图 5-11 所示;其次,应筛选并优化指标,一般采用经验确定法来筛选指标。

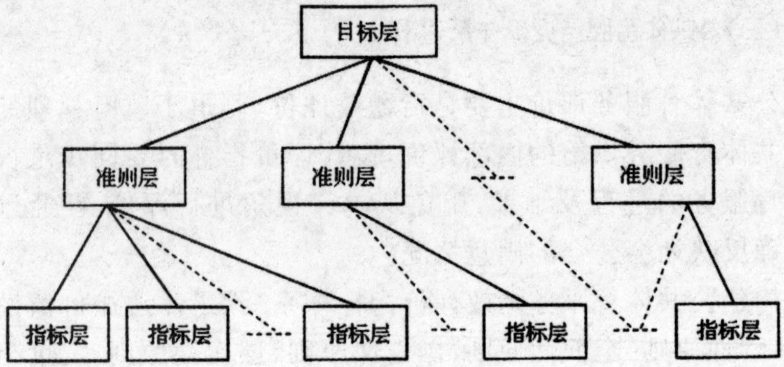

图 5-11

采用经验确定法这一方法筛选指标时，要先以指标体系的构建原则、理论模型等为依据，借鉴现有相关指标体系的经验来确定一个经验性的预选指标集，然后向有关专家征求意见，筛选不同专家的意见，并进行实践证明。运用该方法确立公共体育服务绩效评价指标体系的具体步骤如图 5-12 所示。

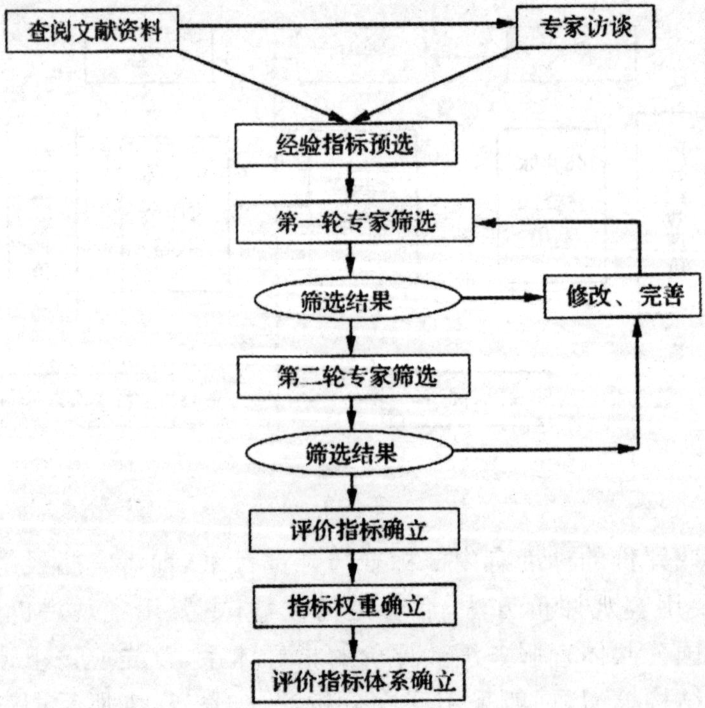

图 5-12

第六章　大学生体质健康促进的基本运动健身指导

当代大学生体质状况不容乐观，很大一部分原因就是缺乏锻炼。体育运动锻炼是大学生体质健康促进中最有效的干预手段，科学合理的运动健身能够有效改善大学生的体质状况，提高大学生身心健康水平，并为大学生各项身体素质的发展打好基础。本书从本章开始重点研究大学生体质健康促进的运动健身，本章主要就身体素质锻炼、健身走与健身跑以及休闲球类等基本运动健身展开研究。

第一节　身体素质锻炼健身指导

五大身体素质包括力量素质、速度素质、耐力素质、柔韧素质及灵敏素质，下面主要分析前三种身体素质的锻炼方法。

一、力量素质锻炼

(一)锻炼方法

1. 颈部力量锻炼

(1)背桥练习

脚和头着地支撑，采用仰卧或俯卧姿势，腰腹部向上挺起，两手置于胸腹部，使身体反弓成“桥”，或腹部向下，以额头(或头顶)和脚趾支撑于地面，臀部上提成“桥”。

(2)双人对抗

两人一组,同伴站在练习者身后,将合适的带子或毛巾围在练习者的前额,同伴一手拉住毛巾两端,一手扶在练习者的肩胛部,肘关节伸展。练习者两脚站稳,上体固定,向前向下低头,对抗同伴向后拉毛巾的力量。牵拉头部的带子或毛巾可以围在练习者头的前、后、左、右不同部位,使练习者从不同方向进行对抗练习,使颈部肌肉得到全方位锻炼。

2. 臂部力量锻炼

(1)坐姿弯举

两腿自然分开,坐在凳端,一手握哑铃,另一手掌置于持哑铃手侧的膝关节上部,握哑铃的手臂充分伸展,将肘关节的上部置于膝关节处另一侧的手背上,上臂固定,慢速屈肘至胸前,然后再有控制地下放哑铃成预备姿势,反复练习。

(2)站立屈臂举

两脚自然站立,两手反握杠铃,两臂伸展,杠铃位于体前。两手握距可宽可窄。固定两肘,慢速屈臂将杠铃上举至胸前,然后有控制地慢慢放下杠铃成预备姿势,反复练习。

3. 腹部力量锻炼

(1)仰卧起坐

仰卧在凳上或斜板上,两足固定,两手抱头,然后屈上体坐起,再还原,一次 10～15 个,也可两手于颈后持杠铃片或其他重物负重进行练习。

(2)支撑举腿

两手直臂撑在双杠上,下肢放松,身体伸展。两腿伸直双脚并拢,收腹举腿至水平位,与上体成直角,然后再放下双腿,还原成预备姿势,反复练习。为了提高练习效果,可在脚腕负重进行练习。

4. 腿部力量锻炼

(1)蛙跳

身穿沙背心,带沙护腿(也可不负重),全蹲。两脚蹬地,腿蹬直向前上方跳起，腾空后挺胸收腹，快速屈腿前摆，以双脚掌落地后不停顿地做6～10次。

(2)负重深(半)蹲跳

双脚左右自然开立，肩负杠铃，双手正握杠铃扛于颈后，躯干挺直。屈膝半蹲快速蹬伸，髋膝踝充分伸展，向垂直方向跳起，落地时保持半蹲(半蹲跳)或深蹲(深蹲跳)，紧接着快速蹬伸跳起，反复练习。

(二)锻炼方案

力量素质锻炼方案参考表6-1、表6-2。

表6-1　大学生力量素质锻炼方案示例1

<table>
<tr><td rowspan="9">运动方案</td><td colspan="2">运动目的：提高肌肉力量</td></tr>
<tr><td colspan="2">运动项目：背桥、坐姿弯举、仰卧起坐、负重深蹲跳</td></tr>
<tr><td rowspan="3">运动强度</td><td>运动心率：140～160次/分钟</td></tr>
<tr><td>用力级别：60%左右</td></tr>
<tr><td>代谢强度：中、大</td></tr>
<tr><td>练习次数</td><td>10次×3组</td></tr>
<tr><td>运动频率</td><td>每周2～3次</td></tr>
<tr><td rowspan="2">注意事项</td><td>(1)运动负荷强度60%左右；</td></tr>
<tr><td>(2)各组间间歇时间适宜</td></tr>
</table>

表6-2　大学生力量素质锻炼方案示例2

<table>
<tr><td rowspan="5">运动方案</td><td colspan="2">运动目的：提高全身肌肉力量</td></tr>
<tr><td colspan="2">运动项目：背桥、站立屈臂举，支撑举腿、负重半蹲跳</td></tr>
<tr><td rowspan="3">运动强度</td><td>运动心率：130～150次/分钟</td></tr>
<tr><td>用力级别：60%～70%</td></tr>
<tr><td>代谢强度：中、大</td></tr>
</table>

续表

运动方案	练习次数	10次×(3～5)组
	运动频率	每周2～3次
	注意事项	(1)运动器材和装置安全,加强保护; (2)防止过度疲劳; (3)不要长时间憋气,呼吸与动作都要有节奏,相互配合; (4)按上肢到躯干到下肢的顺序练习,不专做同一部位的练习

二、速度素质锻炼

(一)锻炼方法

1. 反应速度锻炼

(1)反应起跳

如图6-1所示,画一个圆圈,圈外分开站两人,练习者站在圈内圆心处,手持竿长超过圈半径的竹竿向圈外人脚下划圆,圈外人在竿经过自己脚下时迅速往上跳起,避免被打中,若圈外人起跳不及时,脚被竹竿打中,则与圈内人互换角色,继续按同样的方法练习。

图 6-1

(2)压臂固定瑞士球

如图6-2所示,在长凳上立腰直背坐立,一侧手臂水平向同方向伸出,手掌将瑞士球压住。同伴向侧面不同方向拍球(拍球力量为最大力量的 60%～75%），练习者手用力按压，防止球移动。

图 6-2

2. 动作速度锻炼

(1)横向飞鸟

两脚左右开立，双手在体前平举杠铃片，向两侧打开手臂直至最大限度，然后还原，反复练习(图 6-3)。

图 6-3

(2)纵向飞鸟

双脚左右开立，双手在体侧持握杠铃片，直臂快速举到头顶，然后还原，反复练习(图 6-4)。

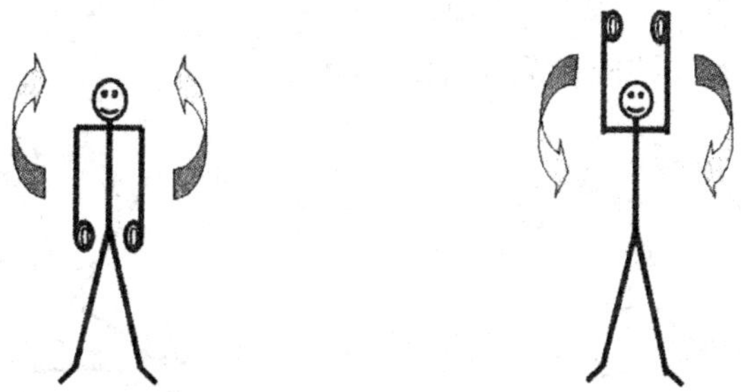

图 6-4

(3)仰卧快速伸臂

在瑞士球上仰卧,双手持哑铃迅速向上直臂举起。上臂固定不动,保持片刻,然后下放到头两侧,重复练习(图 6-5)。

图 6-5

(4)双杠快速臂撑起

双手抓在双杠上支撑身体,两手间距离约同肩宽。屈肩、屈肘,身体下移,然后臂部发力再次将身体撑起,反复练习(图 6-6)。

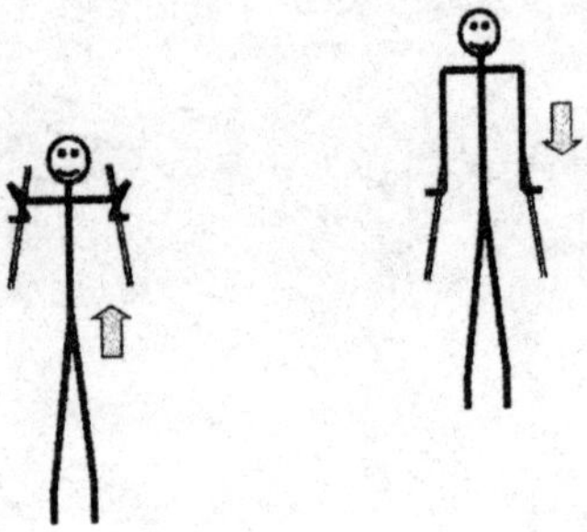

图 6-6

(5)仰卧双腿快速提球

仰卧,身体在地面上,双腿在瑞士球上,用一根绳子将双踝系在一起,保持球的固定。两臂在身体两侧的地面上向斜下方向伸展,掌心贴地面。两膝发力向胸部靠近,直至大腿与地面的夹角稍大于直角,反复进行练习(图 6-7)。

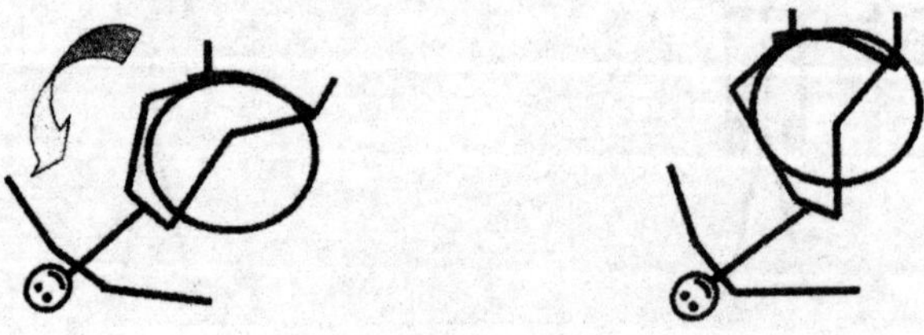

图 6-7

（6）俯卧快速伸背

在长凳上放好瑞士球，练习者俯卧在球上，双手将凳子两侧抓住，两脚腾空。头、颈自然放松，臀部肌肉发力，双腿上抬，直至与髋、肩成一条直线（图 6-8）。

图 6-8

（7）仰卧屈腿快速转腰

在垫子上仰卧，双手将脑后的横杆握住，膝盖弯曲，腹部收缩发力，使髋快速向两侧转，让腿贴紧垫子。反复进行练习（图 6-9）。

图 6-9

（8）绳梯连续交叉步

两脚左右开立，两臂向左右两侧充分伸展，脚跟踮起，前脚掌撑地，向左侧或右侧快速移动身体。以向左侧移动为例，左脚先左移，右脚前交叉移到身体左侧，反复练习（图 6-10）。

图 6-10

(9)抱头旋转

屈膝弯腰,上体约平行于地面,两手交叉在脑后抱头,朝同一方向快速旋转15秒左右,然后直走10米左右,重复练习(图6-11)。

图 6-11

(10)侧卧腿绕环

在斜板上侧卧,身体充分伸展,上侧腿尽量大幅度绕环,然后换腿练习,交替进行(图6-12)。

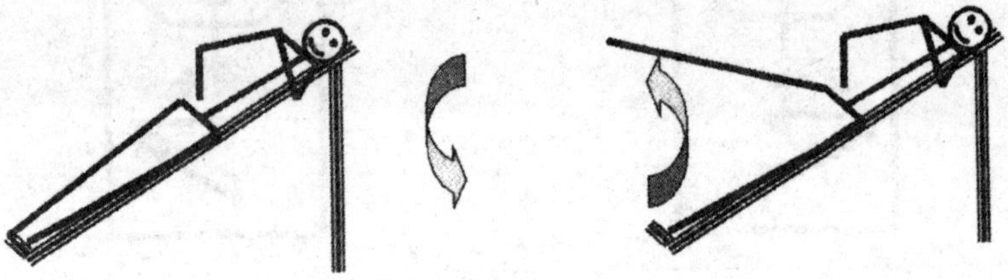

图 6-12

(11)快速内拉腿

将瑞士球置于体侧,同侧脚放在球上,将阻力滑轮绳索或胶带系在踝关节上。支撑腿膝、髋稍屈。球上的脚向身体方向移动,慢慢弯曲靠近身体,反复练习(图6-13)。

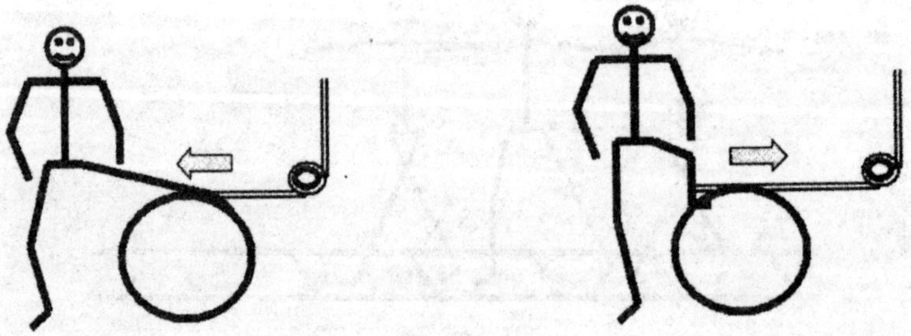

图 6-13

(12)负重交换腿跳

将轻杠铃放在肩,双手握杠铃杆两侧。快速起跳,双腿位置相互交换,反复练习(图6-14)。

图 6-14

(13)扶墙快速踝屈伸

双手扶在墙上,一脚踮起,脚尖着地,脚背贴在另一脚脚后部。身体向墙慢慢靠近,双臂保持稳定以支撑身体,还原,如此反复进行踝关节屈伸练习,左右脚交替进行(图6-15)。

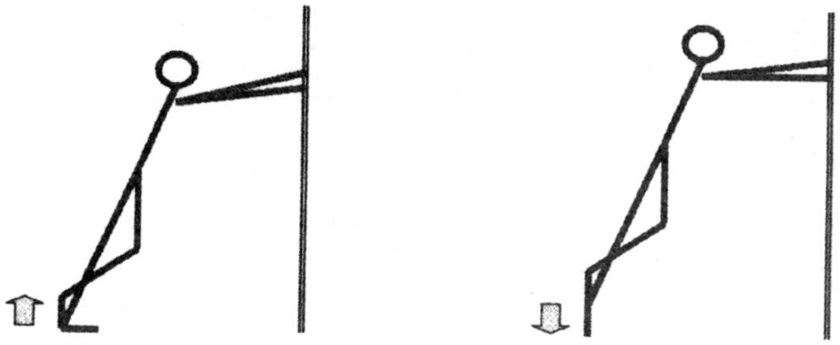

图 6-15

3. 位移速度锻炼

(1)高抬腿伸膝走

按照短跑的方式大步走,高抬摆动腿,充分屈膝使脚与大腿靠近(图6-16)。

(2)踮步折叠腿大步走

按照短跑的方式充分摆臂大步走,摆动腿充分弯曲,后蹬腿要加上踮步动作(图6-17)。

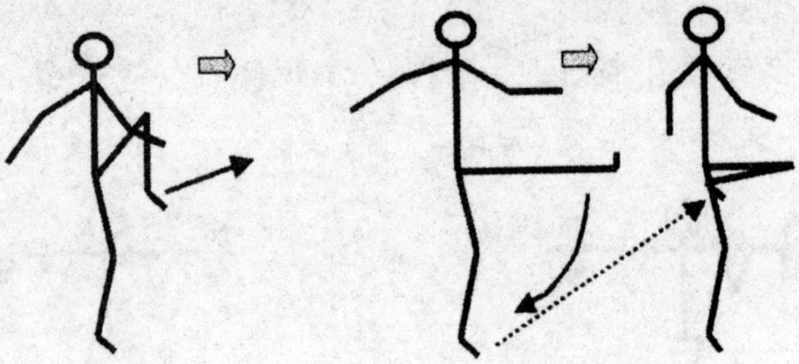

图 6-16

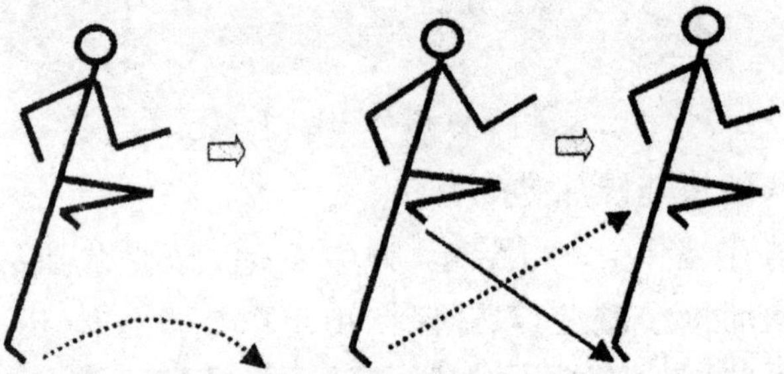

图 6-17

(3)跑台阶

以跑的形式连续上台阶(图 6-18)。持续 4～8 秒后稍停顿，然后继续。

图 6-18

(4)下坡跑

在坡度为 3°～7°的下坡跑道上快跑(图 6-19)。以最快速度跑，注意动作节奏。

(5)陡坡上坡跑

在坡度为 20°～35°的上坡道上快速跑进(图 6-20)。持续 4～8

秒后稍停顿，然后继续，争取在这个时间内每次跑的距离更长。

图 6-19

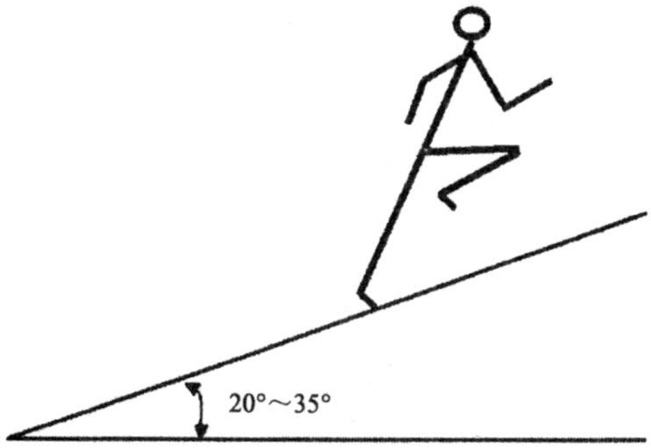

图 6-20

（二）锻炼方案

速度素质锻炼方案参考表 6-3。

表 6-3　大学生速度素质锻炼方案示例

运动方案	运动目的：提高最大速度	
运动方案	运动项目：40 米下坡跑、30 米平地跑、30 米上坡跑、负重交换腿跳，重复练习	
运动方案	运动强度	运动心率：140～160 次/分钟
运动方案	运动强度	用力级别：60％～80％
运动方案	运动强度	代谢强度：中、大
运动方案	练习次数	3 次×5 组
运动方案	运动频率	每周 2～3 次
运动方案	注意事项	(1)做好准备活动； (2)避免强度过大； (3)肌肉有痛感应立即停止练习； (4)在运动伤害的恢复期间，不做此练习

三、耐力素质锻炼

(一)锻炼方法

1. 定时走

在场地、公路或其他自然环境中按规定时间做自然走或稍快些自然走。一般持续大约 30 分钟。

2. 变速跑

在场地上变速跑。跑的段落有 200 米、400 米、600 米、800 米、1 000 米等,如中距离跑常用 400 米快跑、200 米慢跑的变速或 600 米快跑、200～400 米慢跑等变速。

3. 定时定距跑

在场地或公路上定时跑完固定距离,如要求在 14～20 分钟内跑 3 600～4 600 米。

4. 重复跑

在跑道上进行,根据要求决定重复跑的距离、次数与强度。发展有氧耐力时,控制重复跑的强度,要适当增加跑距。一般重复跑距为 600 米、800 米、1 000 米、1 200 米等。

5. 法特莱克跑

在场地、田野、公路上都可以进行自由变速的越野跑或越野性游戏。比较理想的场所是公园、树林,大约跑 0.5 小时,时间更长些也可。

6. 大步走、交叉步走或竞走

在场地、公路或其他自然环境中大步快走,交叉步走或几种走交替进行。每组 1 000 米左右,共进行 4～6 组。

7. 越野跑

在公路、树林、草地、山坡等场地进行。距离要求一般在 4 000 米以上,多可达 10 000～20 000 米。

(二)锻炼方案

耐力素质锻炼方案参考表 6-4、表 6-5。

表 6-4　大学生耐力素质锻炼方案示例 1

运动方案	运动目的:提高肌肉耐力	
	运动项目:法特莱克跑	
	运动强度	运动心率:110～140 次/分钟
		用力级别:60%左右
		代谢强度:小、中
	运动时间	每次 2 分钟×2 组
	运动频率	每周 1～2 次
	注意事项	(1)不能中断或中途退出; (2)注意动作质量与呼吸

表 6-5　大学生耐力素质锻炼方案示例 2

运动方案	运动目的:发展无氧耐力和有氧耐力	
	运动项目:400 米变速跑(其中跑 250 米、走 150 米)	
	运动强度	运动心率:140～160 次/分钟
		用力级别:60%～80%
		代谢强度:中～大
	练习次数	3～5 组
	运动频率	每周 2～3 次
	注意事项	(1)控制心率; (2)防止过度疲劳; (3)注意呼吸

第二节　健身走与健身跑运动健身指导

一、健身走

(一)锻炼方法

健身走的锻炼方法主要有以下几种。

1. 散步

散步时,身体要保持自然、放松,抬头挺胸,收腹收臀,脊柱要位于一条直线上,放松肩部,两臂自然下垂于体侧并前后小幅摆动,脚要放平,柔和着地,两腿要协调迈步,交替屈膝前摆,一条腿由脚跟着地过渡到脚尖着地时,另一腿屈膝前摆足着地。步幅的大小可以自由选择(图 6-21)。

图 6-21

2. 踏步走

踏步走时,可原地走或稍向前移动。要求身体保持正直,两臂自然下垂或稍屈肘。两腿交换屈膝抬腿,两臂配合两腿前后直臂摆动或屈臂摆动，屈膝抬腿至髋高达到抬腿最高点，直腿轻缓、平稳地落地。

3．快步走

快步走的特点是步幅适中或稍大、步频较快、步速较快（每分钟 130～250 米）、运动负荷稍大。在快步走锻炼中，身体向前倾斜 3°～5°，抬头挺胸，垂肩，腹部与臀部收紧。两臂配合双腿协同摆动，前摆时大小臂垂直，手臂高度在胸以下，后摆时大小臂仍垂直，两臂自然于身体两侧摆动，随步幅变化调整手臂的摆幅。双腿交换频率加快，保持稳定的步幅，前摆腿的脚跟着地后迅速滚动至前脚掌，柔和完成动作，后脚离地（图 6-22）。

图 6-22

（二）健身注意

1．运动强度与运动时间

步行运动强度和运动时间要以步速、地面坡度以及锻炼者的体力等情况来确定，速度快，运动时间相对缩短，反之，时间要延长。

调整步行的距离、时间、强度时，要遵循循序渐进的原则。爬坡速度以引起轻微呼吸急促感和适当的心率增快，且在停爬山坡后能在 4～5 分钟内恢复平静为宜。

2. 运动频度

每周 3～5 次，或每天一次，或早晚各一次，每天总时间 45～60 分钟。

二、健身跑

（一）锻炼方法

1. 原地跑

原地跑的时间可长可短，健身者可根据自己的情况而定。在原地跑过程中，为增加运动强度和运动量，实现更好的锻炼效果，跑的速度可逐渐加快，动作也可逐渐加大。健身者可根据自己的跑步速度选择适当的音乐伴奏，从而提高锻炼的兴致，取得良好的锻炼效果（图 6-23）。

2. 慢速跑

慢速跑是一种非常重要的健身跑方法（图 6-24）。练习者可先根据自己的身体素质情况选择跑步距离，然后匀速慢跑完这段距离。慢速跑时，刚开始以每分钟 90～100 步为宜，然后逐渐加快速度，以每分钟 110～130 步为宜。每次跑的总距离最好为 2 500～30 00 米。每天锻炼时间保持在 30 分钟左右，每日或隔日锻炼一次。

图 6-23

图 6-24

3. 滑步跑

滑步跑是指健身者侧身而跑，即向左或右方向跑动的方式。通过这一练习，可促进机体灵活性、敏捷性、协调性及平衡性的提高。向左跑时，右脚先从左脚之前向左侧移动一步，左脚则从右脚之后向左移动一步，如此反复侧向前进，而向右跑时，动作相反。

4. 定时跑

定时跑有以下两种情况。

(1)每天跑一定时间，速度和距离没有限制，如开始时每周 2 次，每次跑半小时，以后每周增加到 3～5 次，每次跑 1 小时左右等。

(2)限定在某段时间内跑完一定距离的方法，如开始时 5 分钟内跑完 500 米，以后随运动水平的提高可缩短时间，加快速度，或增加跑的距离。

5. 迂回跑

迂回跑是一种游戏式的跑步方式，十分有趣，可提高身体灵活性。迂回跑时，在跑步前方，隔一段距离设置一个障碍物，每两个障碍物之间的距离可以相同，也可以不同，然后交替地从障碍物左右侧跑过。

6. 倒退跑

倒跑时，上体正直稍向后，挺胸抬头，两眼平视前方，双手于腰间半握拳，一腿抬起向后迈出，脚尖着地，身体重心随之后移，另一腿以同样的方式移动，小跑步向后退，交替进行，两臂配合双腿在前后方向自然摆动，避免身体左右摇摆。

7. 跑楼梯

跑楼梯对于改善新陈代谢、增强心肺功能、延缓肢体肌群萎缩、避免韧带僵硬、预防骨质疏松脆弱具有重要的作用。跑楼梯过程中，腰、背、颈部和肢体要不间歇地活动，肌肉要有节奏地收缩和放松(图 6-25)。

图 6-25

(二)健身注意

1. 运动强度

健身跑的负荷强度主要反映在跑步的速度上。在锻炼初期，要严格控制跑速，可逐步加长跑步的持续时间。健身跑负荷强度一般采用中等强度。可通过测定心率和自我感觉来判断负荷强度是否适宜。

2. 运动时间

对于身体健康且经常参加锻炼者，每次持续运动时间在 20～40 分钟，至少 15 分钟。从未参加过运动锻炼或身体虚弱者，锻炼初级阶段每次运动时间可少一些，运动时心率达到靶心率(最大心率的 60％～80％)的时间最少在 5 分钟以上，待身体适应后逐渐增加每次运动时间。对于以减肥为目的的练习者，可适当延长运动时间，一般不少于 40 分钟。

一天中什么时候锻炼较好，应因人而异。大学生可以根据自己的生活习惯选择方便的时间，不过每次锻炼的时间应相对固定。

3. 运动频率

可根据个人对运动的反应和适应程度确定运动频率，一般每周 3 次或隔日一次，每周运动总时间不少于 80 分钟。

第三节　休闲球类运动健身指导

一、篮球健身

(一)健身动作

1. 移动

(1)起动

两脚前后开立，屈膝，上体向前倾，后脚蹬地，重心适当前移，屈臂前后摆动(图 6-26)。

图 6-26

(2)跑

若由右向左变向跑，最后一步时右脚前脚掌蹬地，屈膝，上体稍向左转再前倾；左脚向左前方迅速移动，右脚紧跟(图 6-27)。

2. 传球

以双手在胸前传球为例，十指分开，拇指成八字形，球的高度在胸腹之间，目视传球方向，后脚蹬地，重心前移，两手迅速伸向传球方向，拇指下压球，屈腕，食指和中指用力拨球(图 6-28)。

图 6-27

图 6-28

3. 接球

(1)双手接球

目视来球，手臂主动迎向来球方向，手触球后顺势屈臂后引，球的高度保持在胸腹之间(图 6-29)。

图 6-29

(2)单手接球

如右手接球，右脚迈向来球方向，两眼紧盯来球，接球时，手掌成钩形，手指自然分开，右臂向来球方向伸展。当手指触球时，手臂顺势后下引，左手立即握球，双手将球握在胸腹之间。单手接球控制范围大，方向变化多（图 6-30）。

图 6-30

4. 运球

（1）低运球

屈膝，重心下移，上体向前倾，右手短促拍球，球反弹后高度不应超过膝关节，注意保护好球（图 6-31）。

图 6-31

（2）高运球

屈膝，屈臂随球上下摆动，上体向前，手拍球的上方，使球落在身体侧前方（图 6-32）。

图 6-32

(3)转身运球

运球中若对手在右路堵截,左脚跨出做中枢脚,右手按在球的前上方,右脚蹬地,同时身体向后转,顺势把球带到体侧后,左手继续拍球(图 6-33)。

图 6-33

(4)背后运球

右手运球,向左侧变向时,右脚在前,将球引向身体右侧后,右手迅速转腕拍球,球到身体左前方后,换左手运球,后脚蹬地向前突破(图 6-34)。

图 6-34

(5)体前变向变速运球

从对方右手突破时，先向防守左侧做变向球假动作，引诱对手左移，然后迅速拍球的右后上方，使球反弹到身体左前方，右脚向左前方跨步，上体向左移，侧肩将对手挡住，换左手继续运球前进，后脚蹬地突破(图 6-35)。

图 6-35

5. 持球突破

(1)原地持球交叉步突破

以右脚做中枢脚从防守队员右侧突破为例。两脚左右开立，两膝微屈，降低身体的重心，持球于胸腹之间。进行突破时，右脚向右侧前方迈出一小步，将防守者引向自己右侧的同时，用右脚前掌内侧快速蹬地，向左侧前方跨出一大步，上体稍微向左转，右肩向前下压，身体的重心向左前方移动，将球推引到身体的左侧，用左手推按球于右脚左侧前方，接着左脚蹬地加速甩开对手(图 6-36)。

图 6-36

(2)原地持球同侧步突破

以左脚作中枢脚为例。准备姿势和突破前的动作要求可参考原地持球交叉步突破技术。突破时，做假投篮动作，当对手重心前移时，右脚迅速向前方跨出一步，上体向右脚外侧偏前方，左脚前脚掌迅速蹬地，向前方跨出运球，突破对方的防守(图 6-37)。

图 6-37

6. 投篮

(1)原地单手投篮

双脚开立,屈肘,手腕后仰,掌心向上(手心空出),持球于右眼前上方,左手扶在球的侧方,稍屈膝,上体前倾,放松,眼睛向篮点瞄准。投篮时,下肢蹬伸,手腕前屈,用指端拨球,最后用食指和中指柔和地将球投出,自然跟进,注意动作保持(图 6-38)。

图 6-38

(2)原地跳起投篮

以原地跳起右手投篮为例,双脚分开,屈肘,手腕后仰,掌心朝上,五指分开,左手扶在球的侧面,稍屈膝,上体稍向后倾斜,目视篮点。投篮时,下肢蹬伸,腰腹部伸展,前臂伸直,手腕前屈,利用手指弹拨球，最后食指与中指发力投球，右臂自然跟进(图 6-39)。

图 6-39

(二)健身注意

1. 运动时间与频率

如果很久不运动，可隔一天锻炼一次，最初两三次锻炼时每次持续时间在半个小时内，然后以半个小时为一个阶段逐渐增加，待身体机能完全复苏后，可以每天都打篮球。但切记不要过度，不要透支体力。

2. 其他

(1)避免做一些易发生危险的动作。

(2)出现指标异常时停止运动。

(3)每次锻炼前后都要做好准备活动和整理活动。

二、羽毛球健身

(一)健身动作

1. 发球

以正手发网前球为例。右手持拍，手放松，前臂向前摆，手指发力控制球拍，击球时，手腕发力，用斜拍面向对方前发球区内击球（图 6-40）。

图 6-40

2. 接发球

以前场正手接发球为例，接发球常见技术动作及方法如下。

（1）接发球勾对角小球

手腕内旋，拇指、食指发力转动拍柄击球，使球落在对方网前斜对角。

（2）接发球挑球

击球点低一些，用与地面呈钝角的拍面仰角，前臂内旋，拇指、食指发力将拍柄握紧，手腕伸展奋力击球。

3. 网前击球

（1）正手放网前球

正手握拍，向右前斜上方举球拍。身体稍向右侧转，右脚向右前方迈一大步，保持弓步姿势。击球时，右手轻松握拍，手腕在手臂的带动下稍后伸，小臂稍外旋，在手指手腕的控制下，轻击球托底部将球轻送过网，然后快速还原（图 6-41）。

（2）网前正手推球

根据判断及时向目标方位移动，右手平举球拍。准备推球时，前臂外旋，拍面与来球相对。正式推球时，将拍面后移，闪腕，握紧拍柄快速击球（图 6-42）。

图 6-41

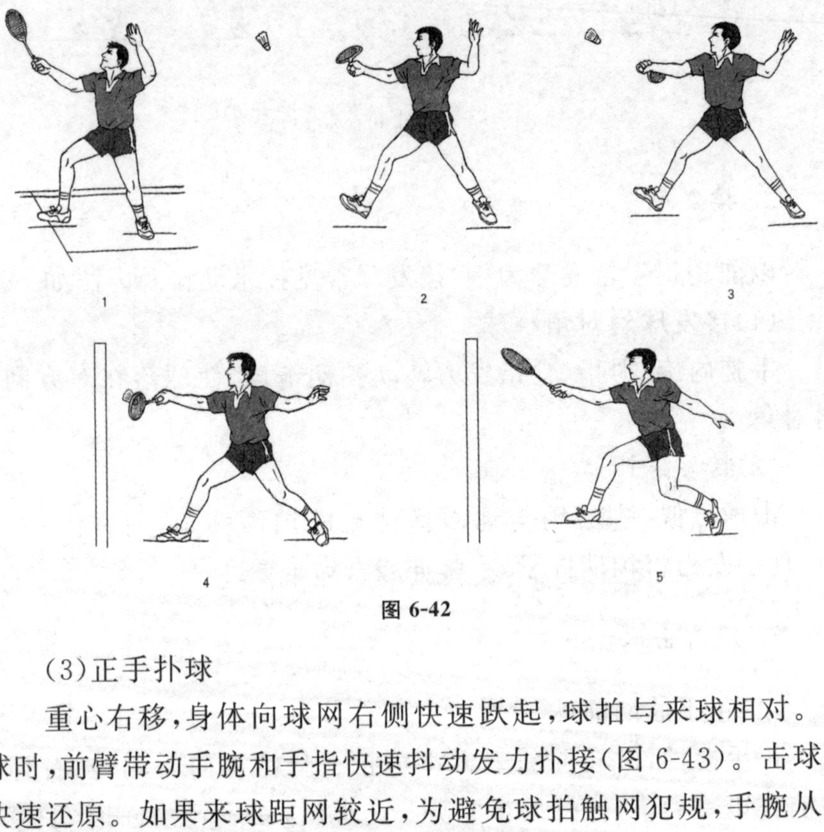

图 6-42

(3)正手扑球

重心右移,身体向球网右侧快速跃起,球拍与来球相对。击球时,前臂带动手腕和手指快速抖动发力扑接(图 6-43)。击球后快速还原。如果来球距网较近,为避免球拍触网犯规,手腕从右向左将球压下,采用“滑动”式扑球方法来回接球。

4. 中场击球

(1)正手平抽球

根据判断及时向目标方位移动,与球网侧对,上体向右侧稍倾,右脚支撑体重,击球时,手腕在前臂的带动下抽压,抖动挥球拍(图 6-44)。

图 6-43

图 6-44

(2)半蹲快打

两脚平行站立或根据来球情况稍微一前一后分列站于中场区域,屈膝成半蹲姿势,持拍手上举准备击球。击球时,抢高点前臂向前带动手腕抖动爆发式力量击球,拍面稍下压,击球托后部。击球后,手臂随惯性收回,为下一步动作做准备(图 6-45)。

图 6-45

5. 后场击球

(1)正手击高远球

准确判断来球,迅速移动到位,站在球下落的左下方,侧身左肩对网,右脚支撑重心,右手将球拍举到右肩上方,左手自然高举,待球下落时,放松握拍,击球时,蹬地、转体收腹,大臂带动小臂向前上方甩腕,在高点击球。击球后,手臂随挥并收拍至体前,然后迅速还原至准备姿势(图 6-46)。

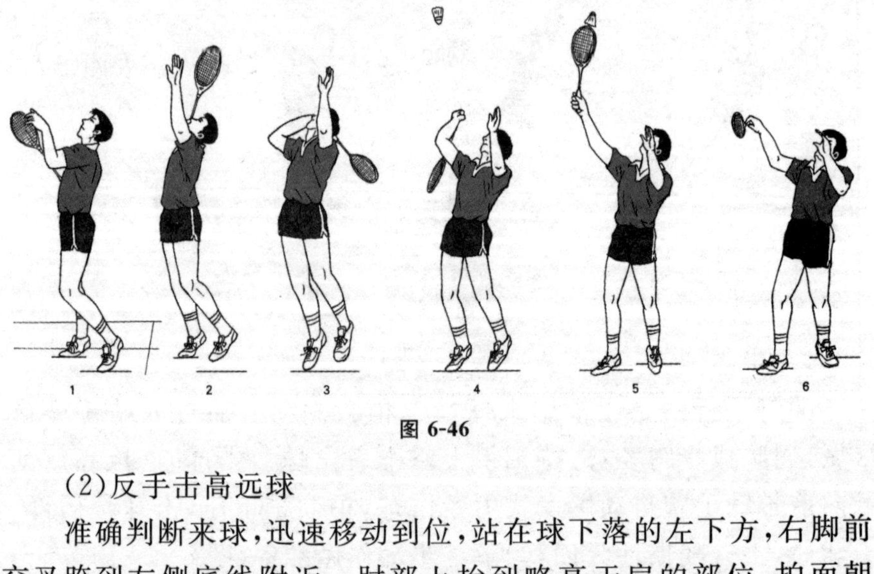

图 6-46

(2)反手击高远球

准确判断来球,迅速移动到位,站在球下落的左下方,右脚前交叉跨到左侧底线附近。肘部上抬到略高于肩的部位,拍面朝上。击球时,以肘关节为支点抖腕,拇指侧压,自下而上甩臂击球。击球后,顺势转体面向球网,向中心位置退回(图 6-47)。

图 6-47

(3)正手吊球

拍面稍内斜,手腕切削下压,将球托后部和侧后部作为击球点。如果是吊斜线球,以球托右侧作为切削点,如果是吊直线球,拍面与前方正对,以向下切削为主(图 6-48)。

图 6-48

(二)健身注意

1. 运动强度

适宜锻炼强度为最大负荷的 65%～75%,运动时脉搏在 130～150 次/分。

2. 运动时间与频率

初学者,一般一周锻炼 3 次,一次 30 分钟左右;基本入门的练习者一周锻炼 2 次,一次 45 分钟左右;完全入门后一周锻炼 1

次，一次75分钟左右；有一定体力和耐力的一般一周锻炼2次，每次1～2小时，(单打1小时，双打2小时)。

一般一周锻炼2次比较合理，但要根据身体情况来定，运动前做好热身，运动完后要放松四肢。

第七章　大学生体质健康促进的传统运动健身指导

传统体育运动具有强身健体的功能，大学生参与传统体育健身锻炼，可在娱乐身心的身体活动中促进有机体的生长发育，改善和提高中枢神经系统的机能，调节心理，逐步改善身心健康素质，提高健康水平和环境适应能力。本章主要就武术、太极拳和毽绳这几个传统体育项目的健身展开研究，以期为大学生科学进行传统体育锻炼提供指导。

第一节　武术运动健身指导

一、武术健身动作指导

（一）基本动作

1. 手型

（1）拳

四指并拢卷握，拇指紧扣食指和中指的第二指节处（图 7-1）。

（2）掌

四指并拢伸直，拇指弯屈紧扣于虎口处（图 7-2）。

（3）勾

五指第一指节捏拢在一起，屈腕（图 7-3）。

图 7-1

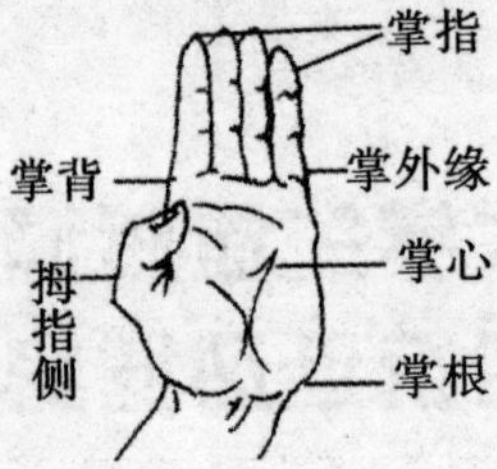

图 7-2

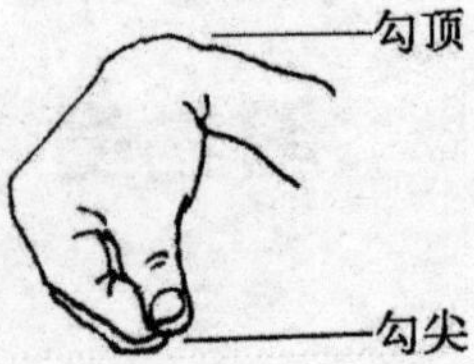

图 7-3

2. 步型

(1)马步

两脚左右开立约为脚长的三倍，脚尖正对前方，屈膝半蹲，大腿成水平，眼看前方，两手抱拳于腰间(图 7-4)。

(2)弓步

前脚微内扣，全脚掌着地，屈膝半蹲，大腿成水平，膝部约与脚面垂直；另一腿挺膝伸直，脚尖里扣斜向前方，脚掌着地，上体正对前方，两手抱拳于腰间(图 7-5)。

图 7-4

图 7-5

(3)虚步

后脚尖斜向前，屈膝半蹲，大腿接近水平，全脚掌着地；前腿微屈，脚面绷紧，脚尖虚点地面(图 7-6)。

(4)歇步

两腿交叉靠拢全蹲，左脚全脚掌着地，脚尖外展；右腿前脚掌着地，膝部贴近左膝外侧，臀部坐于右腿接近脚跟处，两手抱拳于腰间，眼向左前方平视（图 7-7）。

图 7-6

图 7-7

（5）仆步

两脚左右开立，右腿屈膝全蹲，大腿和小腿靠紧，臀部接近小腿，右脚全脚掌着地，脚尖和膝关节外展；左腿挺直平仆，脚尖里扣，全脚掌着地，两手抱拳于腰间，眼向左平视（图 7-8）。

（6）丁步

并步站立，两腿屈膝半蹲，右脚全脚掌着地；左脚脚跟提起，脚尖里扣并虚点地面，脚面绷直，贴于右脚脚弓处，重心落于右腿上，两手抱拳于腰间，眼向左平视（图 7-9）。

图 7-8

图 7-9

3. 手法

（1）冲拳

两脚左右开立，两手握拳分别抱于腰侧，拳心向上，肘尖向后，目视前方（图 7-10）。右拳从腰间旋臂向前快速冲出，力达拳面，臂伸直高与肩平；同时，左肘向后牵拉。目视前方(图 7-11)。

图 7-10

图 7-11

(2)架拳

预备姿势同冲拳(图 7-12)。右拳自腰间向左经腹前、面前向头上方旋臂架起，臂微屈，拳心朝前上方。目视左方(图 7-13)。

图 7-12

图 7-13

(3)推掌

预备姿势同冲拳。右拳变掌，由腰间旋臂向前立掌推出，速度要快，臂伸直，力达掌外沿，目视前方(图 7-14)。

图 7-14

(4)亮掌

预备姿势同冲拳(图 7-15)。右拳变掌,由腰间向右、向上划弧至头右上方,肘微屈,抖腕翻掌。目视左方(图 7-16)。

图 7-15

图 7-16

4. 步法

(1)击步

两脚前后开立,同肩宽,两手叉腰(图 7-17)。上体前倾,后脚离地提起,前脚随即蹬地前纵。在空中时,后脚向前碰击前脚。落地时,后脚先落,前脚后落。眼向前平视(图 7-18、图 7-19)。

图 7-17

图 7-18

图 7-19

(2)垫步

预备姿势与击步相同(图 7-20)。后脚离地提起,脚掌向前脚处落步,前脚立即以脚掌蹬地向前上跳起,将位置让于后脚,然后再屈膝提腿向前落步。眼向前平视(图 7-21)。

图 7-20　　图 7-21

(3)弧形步

预备姿势与击步同。两腿略屈,两脚迅速连续向侧前方行步。每步大小略比肩宽,走弧形路线。眼向前平视(图 7-22、图 7-23)。

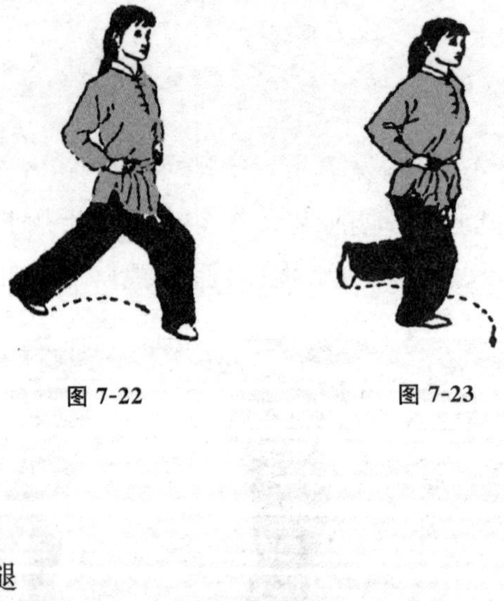

图 7-22　　图 7-23

5. 腿法

(1)正踢腿

两脚并立;两手成立掌或握拳,两臂侧平举(图 7-24)。左脚向前上半步,左腿支撑,右脚脚尖勾起向额前方猛踢;两眼向前平视(图 7-25)。

(2)弹腿

两腿并立,两手叉腰。右腿屈膝提起,大腿与腰平,右脚脚面绷直(图 7-26)。提膝接近水平时,要迅速猛力挺膝,向前平踢(弹击),力达脚尖,大腿与小腿成一直线,高与腰平,左腿伸直或微屈支撑；两眼平视（图 7-27）。

图 7-24

图 7-25

图 7-26

图 7-27

（二）组合动作

1. 腿法组合动作

腿法组合动作有并步抱拳—抡臂砸拳—单拍脚—侧踹腿—弹腿推掌—并步抱拳。

（1）预备姿势

并步抱拳。

（2）抡臂砸拳

上体右转，右脚向右侧迈出一步成右弓步。同时，左拳变掌向下、向前撩出，掌心向斜上，眼看右下方。随即上体右转，左腿支撑，右腿屈膝前提；左手向上、向右抡臂至身体左侧平举，掌心朝前；右掌变拳向右、向上抡于头上方，拳面向上，眼看前方。右脚勾足向左脚内侧震踏地面成并步半蹲。同时,左掌向前摆于腹前,掌心向上;右拳向下砸左掌心,眼看前下方。

(3)单拍脚

起立,右脚向前上一步,同时右拳变掌向上、向后摆于体后平举;左掌向前伸于体前,两掌虎口向上,眼看左手。左脚向前上一步,同时右掌向下、向前、向上使掌背在脸前方击左掌心,眼看前方。左腿支撑,右脚脚尖绷起向前上方踢起。同时,右掌迎击右脚面;左掌变勾手,摆于身体左侧成平举,眼看前方。

(4)侧踹腿

右脚下落,脚尖外撇,身体右转成交叉步。同时两掌内收于胸前交叉,右掌在外,左掌在内,眼看左前方。右腿支撑,左腿屈膝勾足提起,随即向左侧上方踹出。同时,两掌向左右两侧横撑,眼看左脚。

(5)弹腿推掌

左脚落于右侧成盖步,两掌不变,随即左腿支撑,右腿屈膝提起,向前平踢出,脚绷直,与腰平。同时,左掌向前推出成立掌,掌心向前;右掌变拳收抱于腰间,眼看前方。

(6)并步抱拳

右脚下落,脚尖内扣;左脚向右脚内侧靠拢成并立步。同时,左手握拳收回腰间,眼看前方。

2. 五步拳组合动作

五步拳组合动作:并步抱拳—拗弓步冲拳—弹腿冲拳—马步架打—歇步盖打—提膝仆步穿掌—虚步挑掌。

(1)预备姿势

并步抱拳。

(2)拗弓步冲拳

左脚向左迈出一步,成弓步;左手向左平搂并收回腰间抱拳,右拳向前冲拳成平拳,目视前方。

(3)弹腿冲拳

重心前移,右腿向前弹踢;左拳由腰间向前冲拳成平拳,右拳收回腰间,目视前方。

(4)马步架打

右脚落地向左转体90°。两腿下蹲成马步,左拳变掌,屈臂上架,右拳由腰间向右冲拳成平拳。头部右转,目视右前方。

(5)歇步盖打

左脚向右脚后插一步,同时右拳变掌经头上向左下盖,掌外沿向前,身体左转90°,左掌收回腰间抱拳,目视右手。上动不停,两腿屈膝下蹲成歇步;左拳向前冲出成平拳,右掌变拳收回腰间,目视左拳。

(6)提膝仆步穿掌

两腿起立,身体左转。随即左拳变掌,手心向下;右拳变掌,手心向上,由左手背上穿出。同时,左腿提膝,左手顺势收至右腋下,目视右手。左脚落地成仆步,左手掌指朝前沿左腿内侧穿出,目视左掌。

(7)虚步挑掌

左腿屈膝前弓,右脚蹬地向前上步,成右虚步。同时,左手向上、向后画弧成正勾手,略高于肩;右手由后向下、向前顺右腿外侧向上挑掌,掌指向上,高与肩平,目视前方。继续练习,动作相同,方向相反。

3. 平衡组合动作

平衡组合动作有并步抱拳—扣腿平衡—抡臂砸拳—燕式平衡—提膝平衡—并步抱拳。

(1)预备姿势

并步抱拳。

(2)扣腿平衡

身体右转,左脚向侧跨一大步成右弓步。同时,左拳变掌向前弧形撩出,掌心向上,眼看左掌。左腿屈膝回收,使左脚背贴于右腿腘窝处。同时,右拳由腰间向右侧冲出成立拳,高与肩平,拳眼向上;左掌上架于头上方,掌心向上,眼看右方。

(3)抡臂砸拳

身体微右转,左脚向左侧横跨一大步成右弓步。同时,左手向下、向前伸摆于体前下方,掌心向内;右拳变掌向内屈肘收于左腋下,掌心向外,眼看左掌。身体左转 90°,左腿支撑,右腿屈膝上提。同时,左掌向上、向左、向下抡摆于左侧平举,掌心向前;右掌变拳向右、向上抡摆于头上方,拳心向左,眼看前方。有腿勾脚向左脚内侧震踏,成并步半蹲。同时,左掌摆于腹前,掌心向上,右拳向下用拳背砸击左掌,眼看前下方。

(4)燕式平衡

左腿伸直支撑,右腿向后蹬伸,成燕式平衡。同时,上体前俯,挺胸抬头。右拳变掌,两臂向两侧分开平举,眼看前方。

(5)提膝平衡

右脚后落,支撑站立,左腿屈膝提起。同时,右掌向下、向左、向上、向右弧形抡劈至右侧成立掌,左掌向左、向上架于头上方,眼看右前方。

(6)并步抱拳

左脚向左侧落步,右脚向左脚内侧靠拢成并立步。同时,左掌变拳,两手收抱于腰间,眼看前方。

二、武术健身注意

(一)运动负荷

武术健身锻炼效果与运动量的安排密切相关,因此,合理安排运动量在武术健身锻炼中非常必要。在武术健身练习中,可以通过测量心率来观察机体对运动负荷的反应。

一般来说,当健身者无氧阈(AT)为 100%强度、心率(HR)为 150 次/分时,相当于武术竞技比赛时的 80%强度;当健身者最大摄氧量(VO_2)为105%强度、心率(HR)为160～170次/分时，相当于武术竞技比赛时的85%强度；当健身者心率(HR)为170～180次/分时，相当于武术竞技比赛时的90%强度。大学生健身时应结合自身实际情况安排运动负荷。

(二)运动时间

在武术健身练习中，对健身锻炼时间的安排至关重要，根据身体生理特点，一次锻炼时间不宜过长，控制在1小时左右。其中，准备活动的时间约占1/4，主要是调动身体机能的积极性；基本部分占健身锻炼总时间的2/3，重点练习武术基本动作、基本功、套路等，这是武术健身锻炼的核心部分；用剩下的时间进行放松和恢复性练习，以恢复机能正常水平，消除疲劳。

(三)其他

(1)初学时，可以选择简单的短小的动作与套路，比如扎马步、蹲跳、压腿等。

(2)选择柔和优美的动作，增加练习的积极性，如马步劈拳、弓步轻身抱拳等。

(3)练习时间不宜过长，合理安排时间。

(4)在确保安全的情况下练习武术，切勿求快。

第二节　太极拳运动健身指导

一、二十四式太极拳健身动作指导

下面简单分析二十四式太极拳的健身方法。

(一)第一组

1. 起势

左腿向左移动一步,两臂上抬向前平举,双膝稍屈按掌(图7-28)。

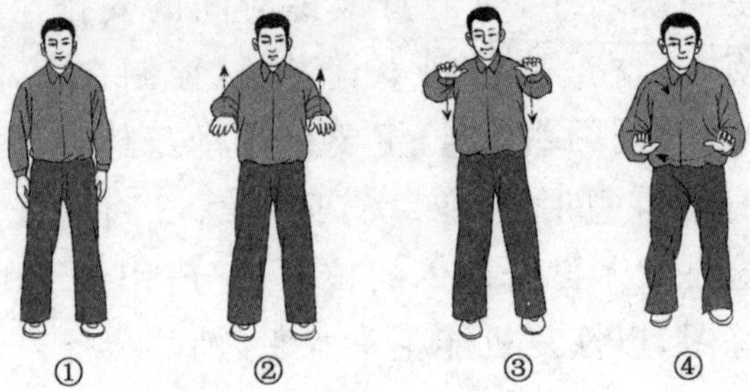

图 7-28

2. 左右野马分鬃

抱手收脚,转体迈步,弓步分手;转体撤脚,抱手收脚,转体迈步,弓步分手(图 7-29)。

图 7-29

3. 白鹤亮翅

跟步抱手，臀部后坐同时转上体，虚步分手(图 7-30)。

图 7-30

(二)第二组

1. 左右搂膝拗步

腰部与胯部放松，肩下沉，肘下垂，弓步推掌(图 7-31)。

图 7-31

2. 手挥琵琶

跟步展臂，身体后坐挑掌，虚步送手(图 7-32)。

图 7-32

3. 左右倒卷肱

转体撤手，提膝屈肘，退步错手，虚步推掌(图 7-33)。

图 7-33

（三）第三组

1. 左揽雀尾

转体撤手，抱手收脚，迈步分手，弓步掤臂，转体摆臂，转体后捋，转体搭手，弓步前挤，后坐收掌，弓步前按（图 7-34）。

①　②　③　④　⑤　⑥　⑦　⑧　⑨　⑩　⑪　⑫　⑬

图 7-34

2. 右揽雀尾

转体撤手，抱手收脚，迈步分手，弓步掤臂，转体摆臂，转体后捋，转体搭手，弓步前挤，后坐收掌，弓步前按（图 7-35）。

图 7-35

(四)第四组

1. 单鞭(1)

转体摆臂,勾手收脚,转体迈步,弓步推掌(图 7-36)。

图 7-36

2. 云手

转体扣脚，转体松勾，收步云手，开步云手（图 7-37）。

图 7-37

3. 单鞭(2)

转体勾手，转体迈步，弓步推掌（图 7-38）。

图 7-38

(五)第五组

1. 高探马

跟步松手,身体后坐并翻手(图 7-39)。

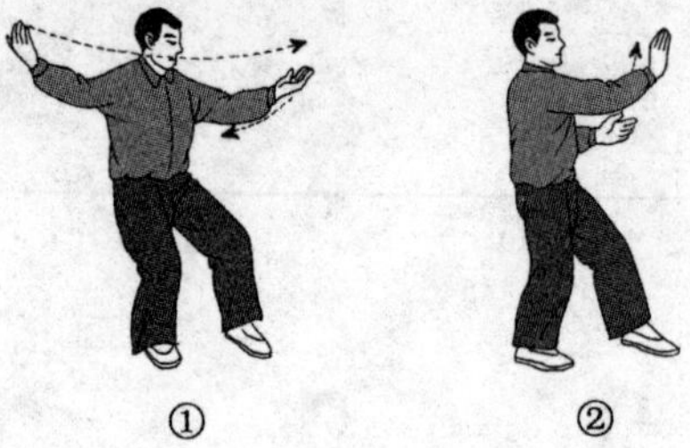

图 7-39

2. 右蹬脚

穿掌提脚,迈步翻手,分手弓腿,跟步合抱,提膝分手,分手蹬脚(图 7-40)。

图 7-40

3. 双峰贯耳

屈膝落手,迈步分手,弓步贯拳(图 7-41)。

4. 转身左蹬脚

转体分手,收脚合抱,提膝分手,分手蹬脚(图 7-42)。

①　②　③　④

图 7-41

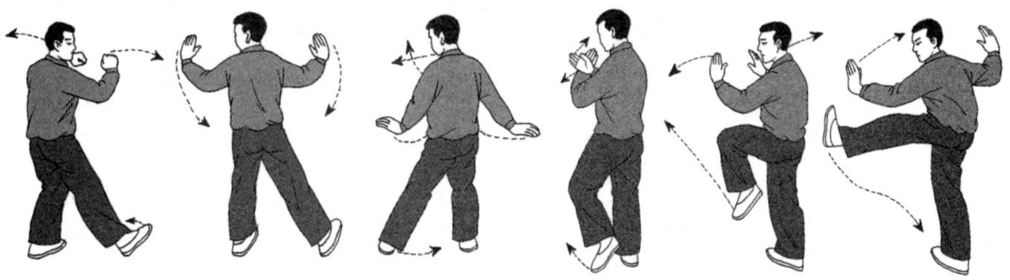

①　②　③　④　⑤　⑥

图 7-42

（六）第六组

1. 左下势独立

收脚勾手，屈膝下蹲成仆步，仆步穿掌，弓腿起身，独立挑掌（图 7-43）。

①　②　③　④

⑤　⑥　⑦

图 7-43

2. 右下势独立

落脚勾手，屈膝下蹲成仆步，仆步穿掌，弓腿起身，独立挑掌（图 7-44）。

图 7-44

（七）第七组

1. 左右穿梭

落脚转体，抱手收脚，迈步错手，弓步推架；转体撇脚，抱手收脚，迈步错手，弓步推架（图 7-45）。

2. 海底针

跟步松手，身体后坐并提手，虚步插掌（图 7-46）。

3. 闪通臂

提手收脚，迈步分手，弓步推掌（图 7-47）。

图 7-45

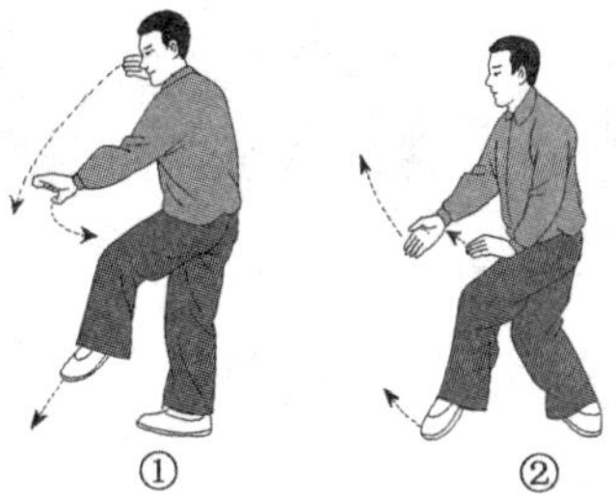

图 7-46

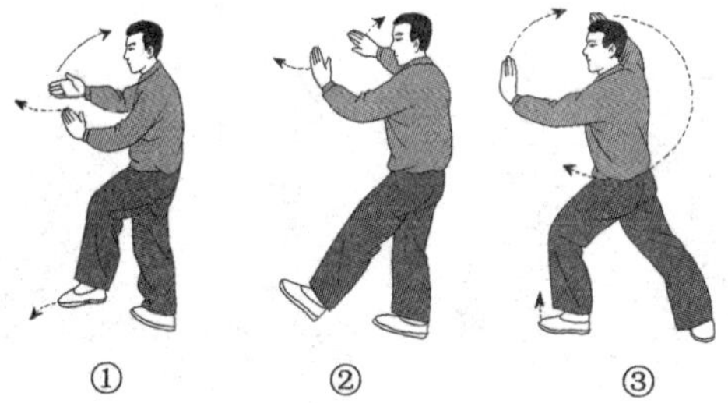

图 7-47

(八)第八组

1. 转身搬拦捶

转体扣脚,坐身握拳,垫步搬拳,转体收拳,上步拦掌,弓步打拳(图 7-48)。

图 7-48

2. 如封似闭

穿掌翻手,身体后坐并收掌,弓步按掌(图 7-49)。

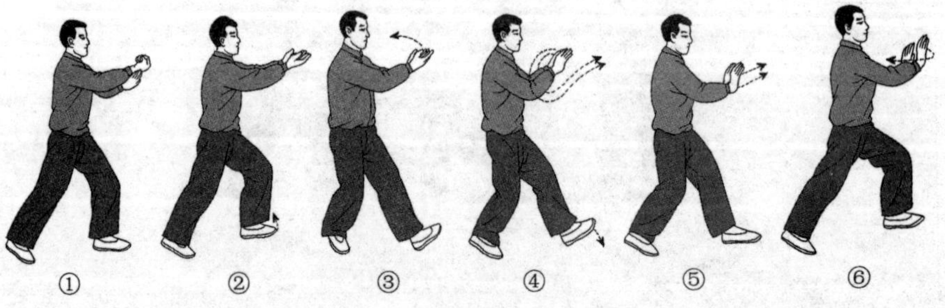

图 7-49

3. 十字手

转身扣脚，弓腿分手，转体落手，收脚合抱(图 7-50)。

①　②　③　④

图 7-50

4. 收势

翻掌分手，分手下落，双脚并立还原至起始姿势(图 7-51)。

①　②

图 7-51

二、二十四式太极拳健身注意

(一)运动强度

有关学者在实验中总结出二十四式太极拳的练习强度，见表 7-1。

表 7-1　二十四式太极拳练习强度①

	第一遍	第二遍
练习中平均 HR	108 次/分钟左右	112 次/分钟左右
练习中最高 HR	125 次/分钟左右	134 次/分钟左右
练习强度	54%～62%	56%～67%

根据美国运动医学会推荐，健身运动适宜的运动强度为个人最大心率的 60%左右，即心率相当于 110～130 次/分钟。合理的运动量和运动强度既对健康有益，又安全。太极拳的练习强度对于大学生而言是适宜、健康有效和安全的。

(二)运动时间

二十四式太极拳运动强度属于中等稍微偏下。为保证锻炼效果，每次运动时间决定于消耗能量 100～200 卡，这一时间一般为 10～20 分钟，所以，建议大学生每次练习太极拳 2～3 遍(10～17 分钟)，这样能够保证这个练习强度下所需要的锻炼运动负荷量，达到良好的健身效果。

(三)其他

(1)太极拳动作姿势的基本要求是虚灵顶劲、含胸拔背、松腰敛臀、沉肩坠肘、舒指坐腕、尾闾中正。

(2)太极拳动作要做到起点准确，运行路线清楚，止点到位，动作连贯，上下相随，手眼配合，从而使身法自如。

(3)太极拳练习关键是体悟，不能贪快贪多，过度练习会导致体力不支，动作变形。

(4)要根据个人体质，循序渐进练习。开始练时可先分段练，渐渐过渡到完整套路，身体不适时酌情暂停。

① 庄谦．普通高校学生二十四式太极拳练习强度分析[J]．鸡西大学学报，2011，11(06)：147-148.

第三节　毽绳运动健身指导

一、毽球健身动作指导

(一)健身动作

1. 发球

(1)正面脚内侧发球

双脚前后开立，左手轻抛球，重心前移，右腿、髋、膝关节外翻，屈膝向前摆动，支撑脚向后蹬地，右髋、膝关节猛力外翻，右脚踝关节背屈用脚弓内侧中部把球发入对方场区，发球脚迅速着地，注意身体的平衡(图 7-52)。

(2)正面脚背发球

双脚前后开立，左手轻抛球，重心前移，右脚踝关节绷直，抬大腿、踢小腿，在离地面 20 厘米高度击球。脚的击球部位应在脚背正面食趾的跖趾关节处(图 7-53)。

图 7-52

图 7-53

(3)正面脚外侧发球

左脚在前，右脚在后站立，将球抛到右脚前，右腿向前摆动，右踝内转，脚外侧用力击球(图 7-54)。

图 7-54

2. 传接球

(1)膝盖传接球

一腿支撑身体重心,另一腿屈膝上提,插于来球下方,在球距离膝关节 10 厘米时接球,使球落于身前(图 7-55)。

(2)肩部传接球

当来球到达肩侧时,屈膝,下移重心,快速沉肩插到球下方。在垫球瞬间,蹬伸腿、耸肩,力求将球垫落在身前(图 7-56)。

图 7-55

图 7-56

(3)胸部传接球

如果来球偏低,屈膝接球;如果来球偏高,跳起接球。击球时,两臂微屈,挺胸、伸膝,使球小弧度下落(图 7-57)。

(4)头部传接球

以助跑起跳前额正面传接球为例,直线助跑 2～3 步,左脚跨出最后一步，右脚迅速并在左脚侧面，双脚起跳，身体腾空，上体后仰，张开两臂，目视来球。在击球刹那，快速收腹，上体前屈，用前额顶球(图 7-58)。

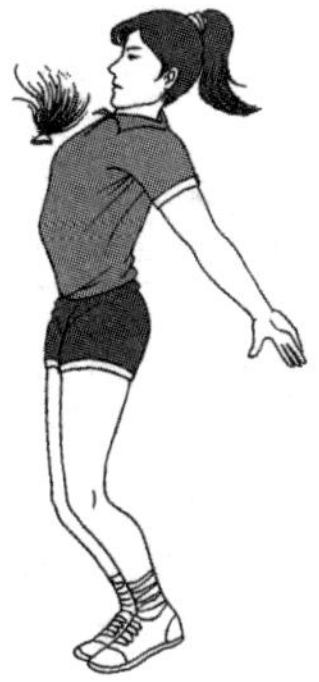

图 7-57

图 7-58

3. 攻球

(1)脚部攻球

以里合脚背倒勾攻球为例。背对球网，微屈双膝，对二传来球进行判断，在此基础上将准备姿势调整好。充分助跑起跳，手臂和下肢的摆动要协调有力，并做好向左侧转体的准备。起跳腾空后，摆动腿膝关节外展，身体左转，击球腿由外向内里合摆腿。击球时，膝关节迅速发力，踝关节勾踢球。击球后摆动腿先落地，然后击球腿落地。

(2)头部攻球

在限制线后 1.5 米的位置站好，面对来球，对二传的传球情况仔细观察，从传球弧度和落点的实际情况出发选择不同的方式助跑起跳，挺胸展腹，扭腰，向后预摆头，身体呈反弓形。当球与头相距 10 厘米左右的距离时，收腹转腰，用头将额前的球攻入对方场区，抽球动作如挥鞭子抽击。落地时，从前脚掌向全脚掌过渡，同时注意缓冲下落力量。

4. 拦网

(1)原地拦网

拦网队员在网前 30～40 厘米的位置站好,微屈膝,收腹,上体前倾,目光注视攻球者。对方攻球后,拦网队员迅速用力蹬地起跳,两臂在体侧稍前夹紧,挺胸收腹、提腰,跳起拦网。

(2)移动拦网

微屈两膝,收腹,上体前倾,将起跳时机准确把握好,对方攻球时,及时移动到位,将主要封堵线路选好,用力蹬地起跳,把球拦到对方场地。击球后,身体自然下落,屈膝缓冲。

(二)健身注意

毽球健身中要合理控制运动负荷,一般建议接近而不超过"靶心率",运动时随时数一下脉搏,心率控制在 110 次/分以下,运动强度就是合适的,这是对身体健康者而言的。自我感觉是掌握运动量和运动强度的一个重要指标,若感觉轻度呼吸急促、心跳稍加快、周身微热、面色微红、略出汗,表明运动适量;如果有明显的心慌气短、心口发热、头晕大汗、疲惫不堪等症状,表明运动超限。大学生要学会控制运动量,以安全为准。

踢毽球的注意事项如下。

(1)穿布鞋或运动鞋、紧裤脚,以免裤脚影响踢毽子。

(2)场地要平坦,尽量选择避风、空气流通的地方。

(3)踢毽前进行热身运动,活动各处关节,预防肌肉拉伤或关节扭伤。

(4)踢毽时,两眼应注视毽子,随时调整身体重心。

(5)各项基本动作左右交换练习,以促进身体平衡。

(6)根据身体情况量力而行。

二、跳绳健身动作指导

(一)健身动作

1. 单摇跳

(1)单摇双脚交换跳

以前摇两脚交换跳为例,从体后向前摇绳,单脚跳,左右脚交替进行(图 7-59)。

图 7-59

(2)两臂体前交叉摇绳跳

从体后向前摇绳,绳在体前下落时,左右臂交叉摇绳并跳绳,跳过后,从体后将绳摇到头上,两臂分开,继续从体后向前摇绳,反复练习(图 7-60)。

图 7-60

2. 双摇跳

先按以上方法进行单摇跳，然后突然增加摇绳的速度，双脚同时高跳绳，每次跳过后，向前摇绳两回环。

3. 带人跳

(1)一人带一人摇跳

一人摇绳，另一人站在一定方位，在适当的时候，跑入跳绳。一般当绳子被摇到摇绳者头顶时，旁边的人跑入跳绳，也可两人从一开始就一起跳绳，双方交替摇绳(图 7-61)。

图 7-61

(2)双人双摇跳

两人直体上跳，跳起时身体充分伸展，落地时两腿稍屈，被带的一方双手扶在另一人腰间(图 7-62)。

图 7-62

(3)钻绳洞

甲摇绳带乙，二人一起跳 3 次后，甲摇绳速度变缓，并将左臂抬高，乙快速钻过甲的左臂跑到甲身后(图 7-63)。

甲乙再一起跳 3 次。甲摇绳速度变缓，并将右臂抬高，乙快速钻过甲右臂跑到甲身前(图 7-64)。

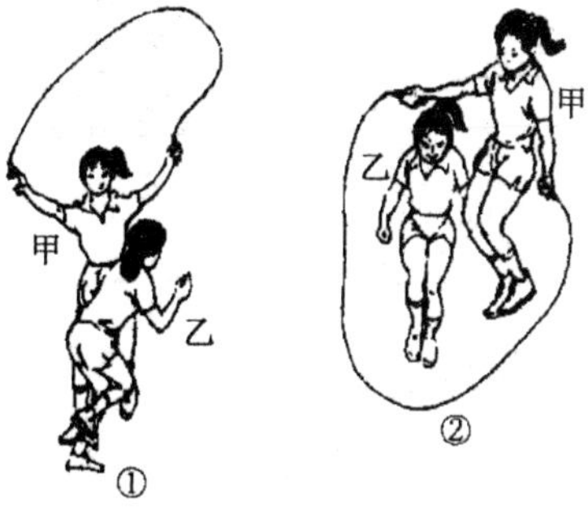

图 7-63

图 7-64

(4)双人外手摇绳带人跳

三人一组，两人站在一排，负责摇绳，第三人可站在两人中间正前方，或站在中间正后方，摇绳的两人带第三人一齐跳(图 7-65)。

图 7-65

4. 跳长绳

(1)集体跑 8 字跳长绳

两人负责摇一根长绳，其他人在一名摇绳者身后按顺序排好队。排头率先上绳，跳一次后跑出，从另一摇绳者身后绕过，然后站到队尾。后面的人依次进行(图 7-66)。

图 7-66

(2)长短绳齐摇跳

三人一组,其中两人负责摇长绳,第三人持短绳,长绳被摇到最高点时,第三人持短绳跑进,跟随长绳的节拍跳短绳(图 7-67)。

图 7-67

(3)二长一短跳绳

三人一组,两人持两条长绳交错摇,第三人持短绳进入,先跳几次长绳,再自摇自跳短绳。第一次跳短绳时,还要跳过其中一条长绳,第二次跳短绳时,同时要跳过另一条长绳,如此反复,三人轮流跳短绳(图 7-68)。

(4)跳长绳拾物

三人一组,其中两人匀速摇长绳,第三人手持沙包或毽子快步上绳,边跳边将手中的物品放在地上,再跳一次后将放置在地上的物品捡起,如此反复进行练习,三人轮流跳绳拾物(图 7-69)。

图 7-68

图 7-69

(5)跳长绳耍球

三人一组,其中两人匀速摇长绳,第三人持球上绳,边跳边拍球,掌握好节奏,不能中断拍球,三人轮流跳绳耍球(图 7-70)。

图 7-70

(二)健身注意

跳绳的运动强度安排参考表7-2。

表7-2 跳绳的运动强度示例

目标	练习方式	组数	间歇	即刻心率
热身	中低强度、不间歇练习	1	无	120～130次/分钟
减脂	中低强度、多组数的短间歇练习	3～4组,每组6～10分钟	组间间歇30秒～1分钟	120～140次/分钟
刺激心肺	高强度间歇练习	慢速持续跳绳中穿插30秒的冲刺跳绳,如慢速跳1分钟,冲刺跳30秒,再慢速跳,如此循环,完成6～8组	慢速跳绳就是间歇	最高心率160次/分钟以上

跳绳锻炼中应注意以下几点。

(1)选择比较开阔、平坦的地方,如操场、广场等,或选择软硬适中的草坪。

(2)跳绳时,最好穿运动装或者轻便装,上衣要短,不要穿过长的大衣、风衣;鞋应选有弹性,质地软,重量轻的软底布鞋或运动鞋。

(3)跳绳的时间、运动量都要循序渐进,当身体逐渐适应跳绳运动,可酌情延长跳绳时间,加大运动量。

(4)跳绳之前最好活动一下全身,尤其是肩膀、手臂、手腕、脚踝等部位,避免跳绳中扭伤、挫伤。

第八章　大学生体质健康促进的时尚运动健身指导

时尚健身运动集健身性、时尚性、娱乐性于一身，是非常有效的体质健康促进运动内容，而且深受大学生的喜爱。大学生参与时尚健身运动，不但能够促进身心健康，还能提升气质，满足追求时尚的心理需求。本章主要就健美操、街舞、游泳和轮滑这几项时尚健身项目的运动健身展开研究，以期为大学生提供科学指导，促进大学生体质健康。

第一节　健美操运动健身指导

一、健美操健身动作指导

（一）基本动作

1. 头颈部动作

（1）屈：头向前、后、左、右 4 个方向分别做颈部关节弯曲的运动，注意身体正直，动作应缓慢完成，充分伸展颈部肌肉。

（2）转：头保持正直，头颈部沿身体垂直轴向左、右转动 90°。包括左转、右转。注意下颌平稳地左右转动。

（3）环绕：头保持正直，然后头颈部沿身体垂直轴向左或右转动 360°，包括左或右环绕，两动作一致，方向相反。注意转动时头部要匀速缓慢,不要过快。动作要到位,向后转时头要后仰。

2. 肩部动作

(1)提肩:两脚开立,身体保持正直,然后肩部沿身体垂直轴向上提起。

(2)沉肩:两脚开立,身体正直,然后肩部沿身体垂直轴向下沉落。沉肩时,身体不能摆动,头尽量往上伸展。

(3)绕肩:两脚开立,身体正直,肩部沿身体前、后、上、下四个方向绕动。绕肩时,身体不要摆动,动作幅度尽量大,要舒展开。

3. 上肢动作

(1)基本手型:健美操基本手型如图 8-1 所示。

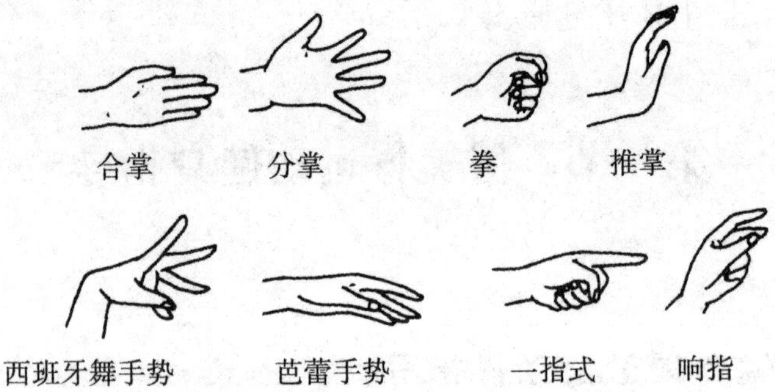

图 8-1

(2)举:以肩关节为中心活动手臂。注意动作要到位,要有力度。

(3)屈:肘关节由弯曲到伸直或由伸直到弯曲。注意关节要有弹性地屈伸。

(4)绕、绕环:两臂或单臂以肩为轴做弧线运动。动作包括两臂或单臂向内、外、前、后绕或绕环等变化。注意路线要清晰。

4. 胸部动作

(1)含胸、挺胸:含胸时,低头收腹,收肩,形成背弓,呼气,身体放松,但不松懈;挺胸时,抬头挺胸,展肩,吸气,身体紧张但不僵硬。

(2)移胸:髋部位置固定,腰腹随胸部左右移动。注意腰腹带动胸部移动。

5. 腰部动作

(1)转:腰部带动身体沿垂直轴左右转动,注意身体保持紧张,腰部灵活转动。

(2)绕和环绕:腰部做弧线运动或圆周运动,可与手臂动作相结合,注意路线清晰、动作圆滑。

6. 髋部动作

(1)提髋:髋向上提,包括左提、右提。注意髋与腿部协调向上。

(2)顶髋:两腿开立,一腿支撑并伸直,另一腿屈膝内扣,上体保持正直,用力顶髋。动作要用力且有节奏感。

(3)绕和环绕:髋做弧线或圆周运动,注意运动轨迹要圆滑。

7. 下肢动作

(1)弓步:直立后,一腿大步迈出,做屈动作。注意步子大小适宜。

(2)踢:左右交替踢腿,有前踢、侧踢、后踢。动作要干净利落。

(3)弹:双腿弹动,包括正弹腿、侧弹腿。动作要有弹性。

(4)跳:做各种姿势的跳的练习,如并腿跳、开并腿跳、踢腿跳。注意动作要有力度和弹性。

(二)套路动作

下面的套路动作选自《全国健美操大众锻炼标准》中的一级套路。练习时,应注意把握音乐的节奏、动作的力度以及步伐的弹性。

1. 组合一

(1)第一个八拍(图 8-2)

预备姿势:站立。

1～8 拍:

下肢步伐:右脚开始一字步 2 次。

上肢动作:1～2 双臂胸前屈,3～4 后摆,5 胸前屈,6 上举,7 胸前屈,8 放于体侧。

图 8-2

(2)第二个八拍(图 8-3)

1～4 拍:

下肢步伐:右脚开始向前走 3 步吸腿。

上肢动作:1～3 双肩经前举后摆至肩侧屈,4 击掌。

5～8 拍:

下肢步伐:左脚开始向后退 3 步吸腿。

上肢动作:手臂同 1～4。

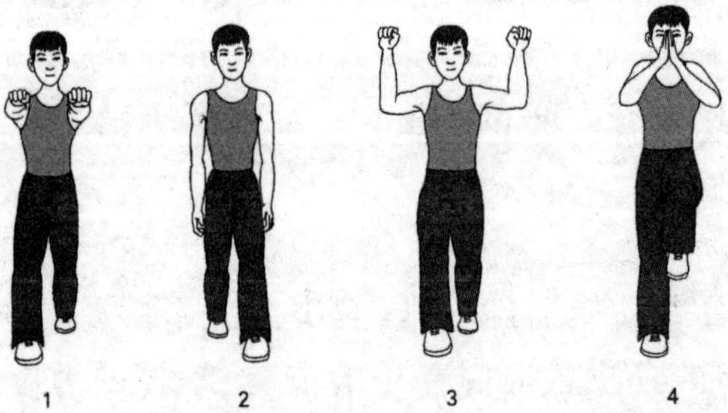

图 8-3

(3)第三个八拍(图 8-4)

1～4 拍：

下肢步伐：右脚开始侧并步 2 次。

上肢动作：1 右臂肩侧屈，2 还原，3 左臂肩侧屈，4 还原。

5～8 拍：

下肢步伐：右脚开始连续侧并步 2 次。

上肢动作：5 双臂胸前平屈，6 还原，7～8 同 5～6 动作。

图 8-4

(4)第四个八拍(图 8-5)

1～4 拍：

下肢步伐：左脚十字步。

上肢动作：自然摆动。

5～8 拍：

下肢步伐：左脚开始踏步 4 次。

上肢动作：5 击掌，6 还原，7～8 同 5～6 动作。

图 8-5

(5)第五至八个八拍

动作相同，但方向相反。

2. 组合二

(1)第一个八拍(图 8-6)

1～8 拍:

下肢步伐:右脚开始前点地 4 次。

上肢动作:1 双臂屈臂右摆,2 还原,3 左摆,4 还原,5 右臂摆至侧上举、左臂胸前平屈,6 还原,7～8 同 5～6 动作(方向相反)。

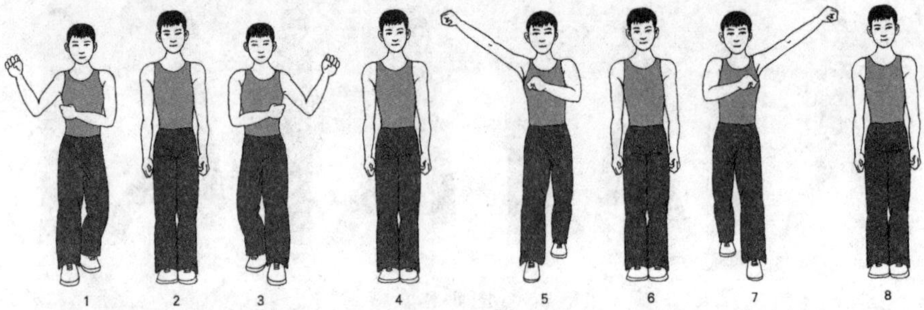

图 8-6

(2)第二个八拍(图 8-7)

1～4 拍:

下肢步伐:右脚开始向右弧形走 270°。

上肢动作:自然摆动。

5～8 拍:

下肢步伐:并腿半蹲 2 次。

上肢动作:5 双臂前举,6 右臂胸前平屈(上体右转),7 双臂前举,8 放于体侧。

图 8-7

(3)第三个八拍(图 8-8)

1～8 拍:

下肢步伐:1～4 左脚上步吸腿右转转体 90°,5～8 右脚上步吸腿。

上肢动作:1 双臂前举,2 屈臂后拉,3 双臂前举,4 还原,5～8 同 1～4 动作(方向相反)。

图 8-8

(4)第四个八拍(图 8-9)

1～8 拍:

下肢步伐:左脚开始向侧迈步后屈腿 4 次。

上肢动作:屈肘前后摆动。

图 8-9

(5)第五至八个八拍

动作相同,但方向相反。

3. 组合三

(1)第一个八拍(图 8-10)

1～4 拍:

下肢步伐:右脚向右交叉步。

上肢动作:1～3 双臂经侧至上举,4 胸前平屈。

5～8 拍:

下肢步伐:左脚向右迈步成分腿半蹲。

上肢动作:5～6 双臂前举,7～8 放于体侧。

图 8-10

(2)第二个八拍(图 8-11)

1～4 拍:

下肢步伐:右脚开始侧点地 2 次。

上肢动作:1 右臂左前举、左臂屈肘于腰间,2 双臂屈肘于腰间,3～4 同 1～2 动作(方向相反)。

5～8 拍:

下肢步伐:右脚连续 2 次侧点地。

上肢动作:5～8 同 1～2 动作,重复 2 次。

图 8-11

(3)第三个八拍(图 8-12)

1～8 拍:

下肢步伐:左脚开始向前走 3 步,接吸腿 3 次。

上肢动作：1 双臂肩侧屈外展，2 胸前交叉，3 同 1 动作，4 击掌，5 肩侧屈外展，6 腿下击掌，7～8 同 3～4 动作。

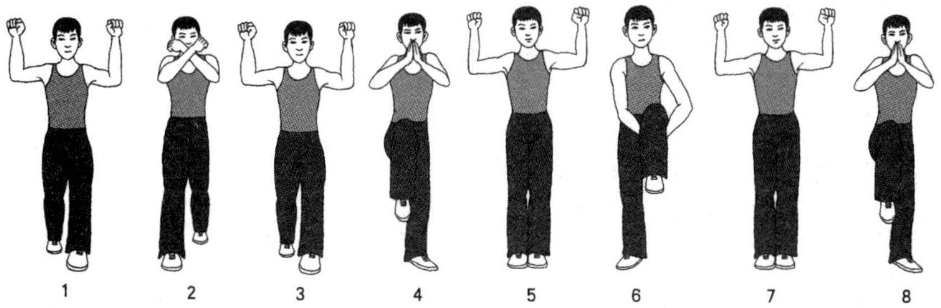

图 8-12

(4)第四个八拍

1～8 拍：

下肢步伐：右脚开始向后走 3 步，接吸腿 3 次。

上肢动作：同第三个八拍。

(5)第五至八个八拍

动作相同，但方向相反。

4. 组合四

(1)第一个八拍(图 8-13)

1～8 拍：

下肢步伐：1～4 右腿开始 V 字步，5～8A 字步。

上肢动作：1 右臂侧上举，2 双臂侧上举，3～4 击掌 3 次，5 右臂侧下举，6 双臂侧下举，7～8 击掌 2 次。

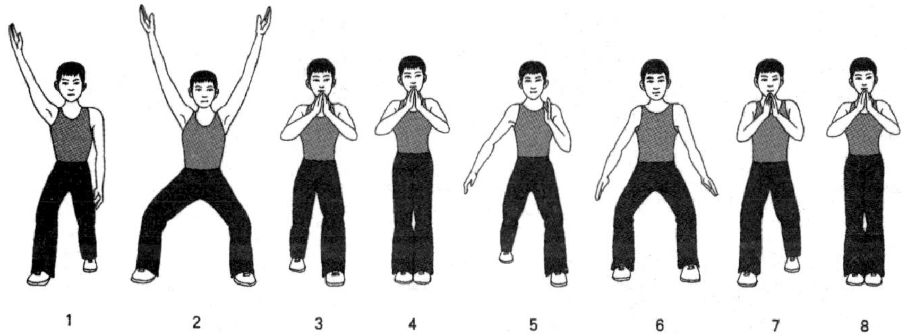

图 8-13

(2)第二个八拍(图 8-14)

1～4 拍:

下肢步伐:右腿开始弹踢腿跳 2 次。

上肢动作:1 双臂前举,2 下摆,3～4 同 1～2 动作。

5～8 拍:

下肢步伐:右脚连续弹踢 2 次。

上肢动作:5 双臂前举,6 胸前平屈,7 同 5 动作,8 还原体侧。

图 8-14

(3)第三个八拍(图 8-15)

1～8 拍:

下肢步伐:左腿漫步 2 次。

上肢动作:双臂自然摆动。

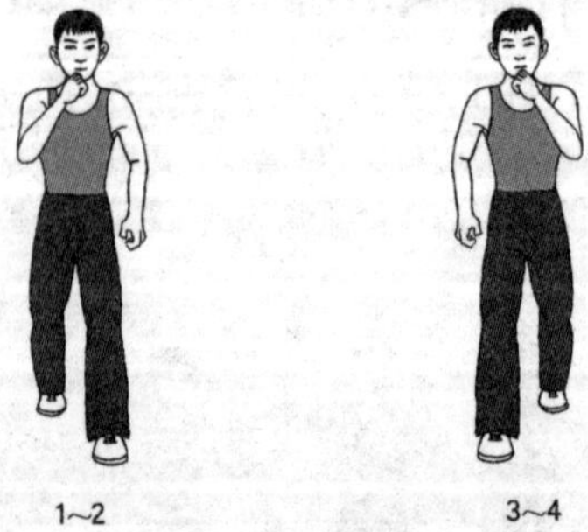

图 8-15

(4)第四个八拍(图 8-16)

1～8 拍:

下肢步伐:左腿开始迈步后点地 4 次。

上肢动作:1～2 右臂经肩侧屈至左下举,3～4 同 1～2 动作(方向相反),5～6 经侧下举至左下举,7～8 同 5～6 动作(方向相反)。

图 8-16

(5)第五至八个八拍

动作相同,但方向相反。

二、健美操健身注意

(一)运动强度

在健美操健身中,可利用最大心率确定运功负荷。对于一个健康水平一般的大学生来说,锻炼时的合理负荷强度应该在最大心率的 65%～85%。

(二)运动时间

大学生可以根据自己的学习和生活情况安排锻炼时间。每周至少应进行 1～3 次锻炼,如果需要减脂,一周进行 5 次锻炼则效果更好。每天以下午 4 点至 8 点为最佳锻炼时间,此时体力比较旺盛,人体产生热量最高,处于最佳运动状态。锻炼次数并不是越多越好,应该根据自身身体状况灵活增减。一般初期参加健美操锻炼者,每次锻炼时间保持在 1 小时左右;锻炼一段时间后若感觉身体状况良好,可增加至 1.5～2 小时。

(三)其他

(1)参加健美操运动前应进行身体全面的检查,重点检查心血管系统的机能,要严格把关。

(2)根据季节的变化和练习环境的温度适当着装,鞋袜应弹性好、柔软性强,穿舒适的鞋袜可以起到保护作用。

(3)选择空间广、空气流通好的运动场所。选择器材时要注意质量是否合格、重量是否合适,以免发生不必要的运动伤害。在音乐选择上应选用节奏强劲有力、旋律优美、激发人们情绪的音乐。

(4)以强身健体为目的的健美操健身锻炼中有一定的时间限制,过度运动会使身体疲劳,机体抵抗能力下降。

(5)在运动结束后应注意身体各部位的放松,并补充一些高能量、低脂肪、高蛋白的食物,还要补充水分。

第二节　街舞运动健身指导

一、街舞健身动作指导

(一)基本动作

1. 提膝

右膝提起,同时收腹向前压上体,重拍落于收腹动作。右膝落地,同时抬起上体,腹部展开。左膝反方向重复一次,最后还原准备姿势。

2. 踏步

屈右膝抬右脚,收腹向下压上体。右腿落下踩地,上体抬起,腹部展开。重拍落于展腹动作上。左脚反方向重复一次,交替练习。

3. 侧滑步

右脚向右跃一步，打开双臂，同时左腿滑向右腿，并在原地踏步一次。换腿进行反方向练习，最后回到起点，还原。

4. 恰恰步

右膝上提，右脚落地的同时左膝提起。左脚下落的同时右膝提起，重拍落于最后提右膝身体前压的动作上。换腿进行反方向练习，最后回到起点，还原。

5. 交叉步

右脚向右踏步一次。左脚踏步落在右腿后侧。换腿进行反方向练习，最后回到起点，还原。

6. 波浪

从头开始波浪，从胸、躯干过渡到臀部。从膝开始波浪，从髋、躯干过渡到胸部。

（二）组合动作

1. 组合一

（1）第一个八拍（图 8-17）

①步伐

1～2 拍右脚尖重复点地两次。3 拍右脚朝前方迈一步。4 拍左脚向前迈一步，左右脚并立。5 拍右脚侧点地，重心移至左脚。6 拍右脚收回，左脚侧点地。7 拍与 5 拍动作相同。8 拍收回右脚成基本并立姿势。

②手臂

1～2 拍右手打 2 次侧响指。3 拍微屈两臂同时上举。4 拍双臂放下再上举。5～7 拍双臂稍屈置于身体两侧。8 拍双臂向斜上方举起。

③手型

1～2 拍响指。3～7 拍双手放松成半握拳。8 拍出双手食指 point。

④面向

1～6 拍 1 点。5、7 拍 8 点。6 拍 2 点。8 拍 1 点。

图 8-17

(2)第二个八拍(图 8-18)

①步伐

1 拍两脚左右开立,屈膝向下半蹲,右肩侧顶。2 拍与 1 拍动作相同,方向相反。3 拍胸在肩的带动下顺时针绕环。4 拍抬起左脚。5 拍左脚脚跟点地。6 拍左脚收回,右脚跟点地。7 拍 180° 转身。8 拍双肘抬起。

②手臂

1～7 拍双臂自然垂于体侧。8 拍两臂抬起到腰间部位。

③手型

1～7 拍双手自然放松。8 拍双手成握拳。

④面向

1～3 拍 1 点。4～6 拍 3 点。7～8 拍 7 点。

1～2　3~5

6　7~8

图 8-18

(3)第三个八拍(图 8-19)

①步伐

1～2 拍下肢固定,转动上体。3 拍右脚前迈一步。4 拍左脚前迈一步,与右脚成并步。5 拍左脚向后撤步。6 拍 180°转体。7 拍右脚向后撤一步。8 拍 180°转体。

②手臂

1～2 拍肘部向侧方向上抬两次。3 拍稍微伸出左臂。4～8 拍两臂在体侧自然摆动。

③手型

双手自然放松或半握拳。

④面向

1～5 拍 1 点。6～7 拍 5 点。8 拍 1 点。

图 8-19

(4)第四个八拍(图 8-20)

①步伐

1 拍右脚跟前点。2 拍左脚跟前点。3 拍右脚向前半步迈出。4 拍双脚脚跟向前转动后收回。5 拍右脚向后迈一步。6 拍左脚向后迈一步。7 拍跳跃换脚。8 拍左脚向前,两脚并立。

②手臂

1~3 拍手臂自然放松。4 拍肘部前抬然后收回。5~6 拍手臂自然放松。7 拍右臂由后向前抡。8 拍两臂保持自然放松状态。

③手型

双手自然放松。

④面向

1 点。

图 8-20

2. 组合二

(1)第一个八拍(图 8-21)

①步伐

1 拍右脚向右侧点地。2 拍左脚向左侧点地。3 拍与 1 拍动作相同。4 拍右膝跪地左脚伸向左前方。5～6 拍重心移向左上侧。7～8 拍右、左脚依次向左一步迈出，脚跟点地。

②手臂

4 拍左手扶在头部，右手撑在地上。

③手型

自然放松。

④面向

1～3 拍 1 点。4 拍 8 点。5～8 拍 7 点。

图 8-21

(2)第二个八拍(图 8-22)

图 8-22

①步伐

1 拍左脚向右移动一步。2 拍右脚向后,重心向右移动。3～4 拍原地交叉跳 3 次。5 拍并立。6 拍双脚开立屈膝半蹲。7 拍拍手。8 拍并立。

②手臂

1 拍手臂自然摆动。2 拍右臂向左指。3～6 拍两臂自然摆动。7 拍连续拍两次手。8 拍双臂向斜上方举起。

③手型

1～7 拍双手自然放松。8 拍食指伸出。

④面向

1～4 拍 7 点。5～8 拍 1 点。

(3)第三个八拍(图 8-23)

图 8-23

①步伐

1～2 拍右脚左踹并落地。3～4 拍左脚右后交叉,然后还原。

5～6 拍左脚向左一步迈出，右脚向左踢。7～8 拍右脚收回，并立。

②手臂

1～4 拍手臂自然上下摆动。5～6 拍双手经后至前交叉。7～8 拍双手击掌。

③手型

双手成半握拳。

④面向

1 点。

(4)第四个八拍(图 8-24)

①步伐

1～2 拍左右脚依次迈步。3～4 拍左脚原地踏步，然后并立。5～6 拍右脚向前、后迈步。7～8 拍右脚点地，小腿上抬。

图 8-24

②手臂

1～6 拍双臂前后自然摆动。7～8 拍双手向两侧平举，右手扶在脑后，左手将右脚跟扶住。

③手型

1～6 拍双手成半握拳。7～8 拍双手打开，保持放松。

④面向

1 拍 7 点。2 拍 5 点。3～8 拍 1 点。

二、街舞健身注意

（一）运动强度

受年龄、体能和健康状况等因素的影响，大学生参加街舞锻炼的运动强度有所不同。大学生可以通过最大心率来计算最适合自己的运动强度。如年龄 20 岁，不常参加体育锻炼，体能一般，选择街舞为瘦身塑形运动项目，则最大心率为 220－20＝200，适宜的运动强度（锻炼心率）是（60％～75％）×200，即 120～150 次/分钟。

（二）运动时间

街舞锻炼建议每周 3～5 次、每次持续 45～60 分钟，这样能够达到良好的减肥效果。

（三）其他

（1）选择舒适的服装和鞋子，练习场地应平坦、空间大。

（2）任何一种街舞舞种都是在音乐下完成的。所以，学街舞时要先对音乐有一定的熟悉。

（3）初学街舞时不适合练习高难度的动作，先练习一些基础动作，能够跟着音乐熟练完成简单的舞步后，再增加动作难度。

（4）跳街舞时要注意安全，做好热身，以免筋骨受伤。练习过程中不要强求自己完成超出身体极限的动作，注意保护好常用关节部位。

(5)注意打好身体素质基础,特别是要加强力量练习,如通过跑步、仰卧起坐、俯卧撑等方法来增加自己的力量。

(6)运动后要放松肌肉,并及时更换衣服,以免生病。

第三节 游泳运动健身指导

一、游泳健身动作指导

(一)蛙泳健身

1. 身体姿势

俯卧于水中,两臂夹头,目视前下方,腹部与双腿保持在同一水平面,手臂靠近水面,身体纵轴与水平面之间保持 5°～10°的夹角(图 8-25 之①)。

划水和抬头吸气时,上体上抬,肩和背部一部分露在水面上,躯干与水面之间保持较大夹角(图 8-25 之②)。

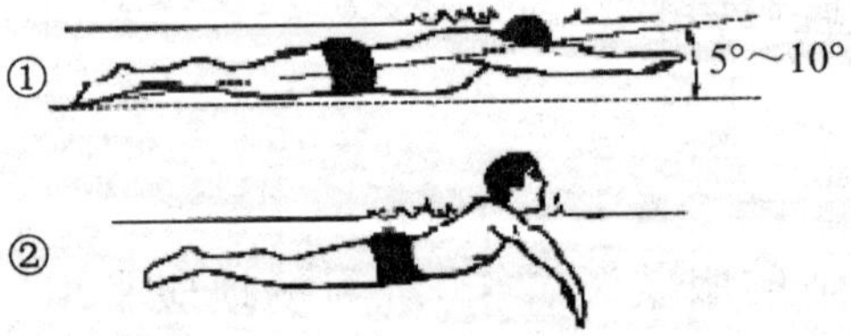

图 8-25

2. 腿部动作

(1)收腿

双膝下沉,小腿折叠靠近大腿,直至与水平面接近垂直,以较小的力收腿,大腿与躯干间形成 130°～140°的角(图 8-26)。

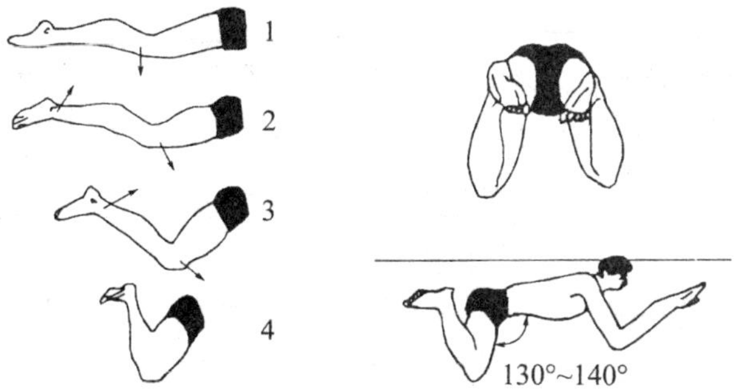

图 8-26

(2)翻脚

小腿外张，大腿内旋，脚尖向两侧转动，翻脚动作即将完成时，开始蹬夹，同时继续翻脚。

(3)蹬夹水

蹬夹动作由“蹬”与“夹”构成。后蹬时，脚继续向外运动，随后腰腹、大腿发力，下肢各关节依次伸展，双脚向后内部运动，直至两腿蹬直且并拢(图 8-27)。

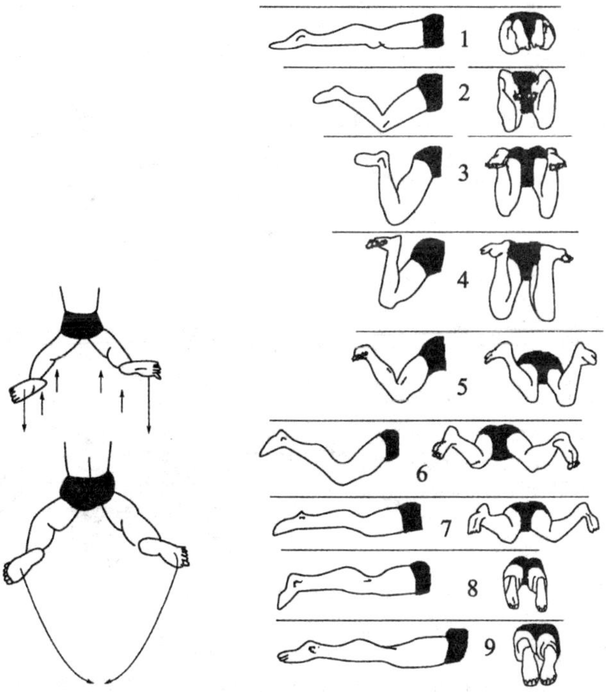

图 8-27

(4)滑行

两腿并拢且伸直，借助惯性的力向前滑行，身体成俯卧姿势，腿部放松，为收腿做好准备。

3. 手臂动作

蛙泳过程中，双手由"桃心"的尖顶开始，连续不断地划动一周后回到尖顶(图 8-28)。

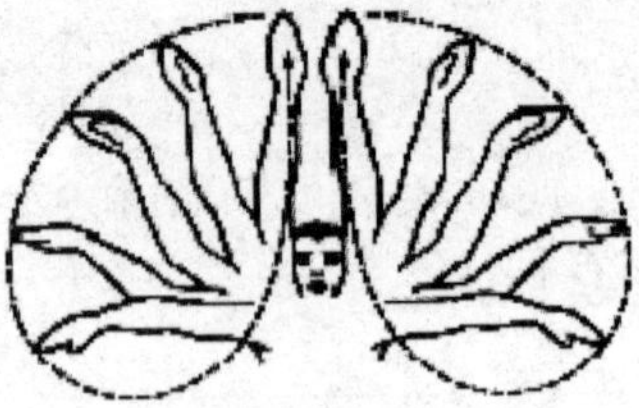

图 8-28

手臂划水动作具体包括以下几个阶段。

(1)外划

两臂内旋，向外横向划动，直到双手之间的距离相当于两倍的肩宽(图 8-29)。注意合理控制游动的速度。

图 8-29

(2)下划

前臂外旋，双肘弯曲，掌心朝后下方转动，手和前臂以肘关节为轴加速向下、向后划动(图 8-30)。

图 8-30

(3)内划

掌心向内后方转动，手臂加快横向划动，双肘弯曲度加大，同时向下、后、内方向收夹肘关节。双手划至胸前位置时，双手靠近（图 8-31）。

图 8-31

（4）前伸

即将完成内划动作时，两手靠拢，十指指向正前方。接着，肘关节沿平滑弧线前移，双手向前方伸展。与此同时，头迅速下沉，双臂夹头。肩部伸展，身体以流线型姿势向前滑行（图 8-32）。

图 8-32

4. 配合动作

（1）臂与腿的配合

两臂内划时，两腿保持放松，两膝下沉，并慢慢将腿收回；双臂开始向前伸展时，要以尽可能快的速度完成收腿动作，同时注意翻脚动作完成的规范性与正确性；即将伸两臂时，快速向后蹬夹；然后四肢与躯干尽可能伸展，以流线型姿势继续向前滑行（图 8-33）。

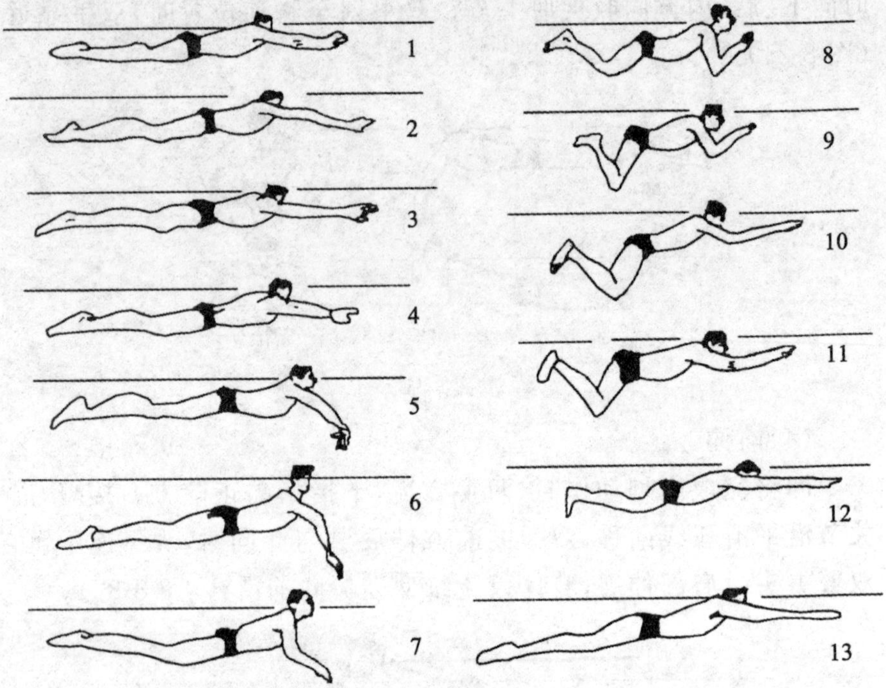

图 8-33

(2)呼吸与臂的配合

蛙泳中的呼吸方法有以下两种：

第一,抬头,向前伸下颌,嘴露出水面吸气,肩部以较小的幅度上下起伏。

第二,手臂有力划水时,头和肩上升到水面并吸气,头稍上抬,但动作不明显。

在划水过程中,头露出水面吸气,伸臂时低头闭气,臂滑下时慢慢呼气。呼吸与臂的配合形式有两种,即“早吸气”和“晚吸气”,前者是两臂开始划水时吸气;后者是即将结束两臂划水动作时吸气。女性健身者如果是初学蛙泳技术,使用“早吸气”的配合方法则更为合适。

(二)仰泳健身

1. 身体姿势

身体仰卧于水面,自然伸展,头和肩部稍高,腰、腿保持在一个水平方向。身体纵轴构成大约 10°的迎角，腰部适度紧张，随着划水和打腿，身体绕纵轴自然转动(图 8-34)。

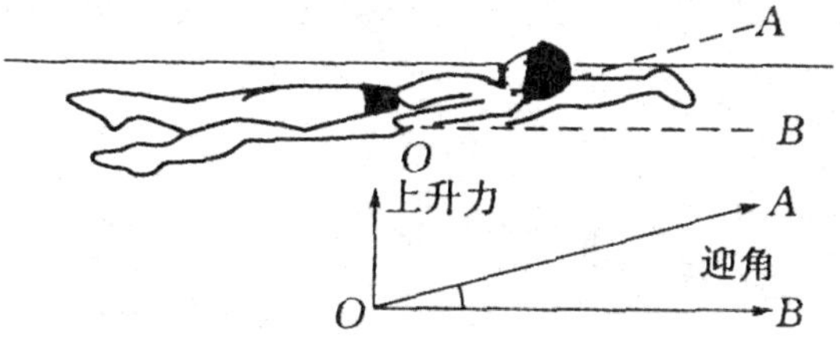

图 8-34

2. 腿部动作

(1)下压

腿下压的过程中，前 2/3 因为水的阻力，使膝关节充分展开，腿部肌肉比较放松。当大腿向下压到一定程度时，在腰腹肌肉的控制影响下，由向下变为向上移动，膝关节弯曲，所以后 1/3 腿是弯曲的。当腿部下压动作结束时，由于水对小腿产生阻力，对大腿肌肉产生牵制影响，大小腿呈 135°夹角(最大程度弯曲)，小腿与水平面之间的夹角为 40°～45°(图 8-35)。

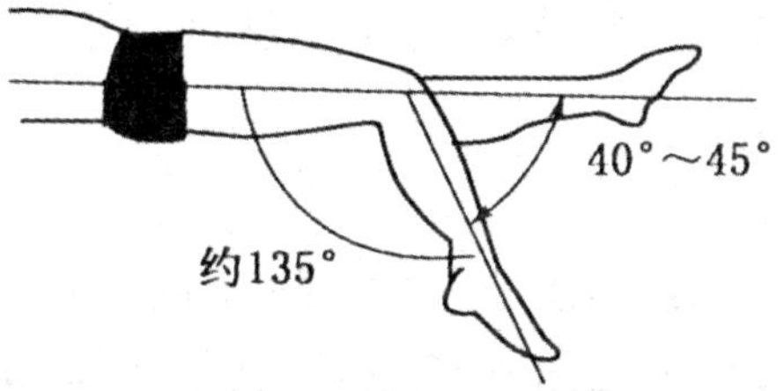

图 8-35

(2)上踢

大腿带动小腿、小腿带动脚完成上踢动作，上踢时脚尖内旋，使对水面积增加。开始上踢时，需借助脚打水的力量和速度，然后逐渐加大到最大力量和速度。

3. 手臂动作

完整的手臂动作包括以下几个阶段。

(1)入水

手臂伸直,掌心朝外,小拇指先入水,手掌稍内收,与小臂保持150°～160°。入水点一般在肩的延长线与身体纵轴之间(图8-36)。手臂入水时,伸肩展胸。

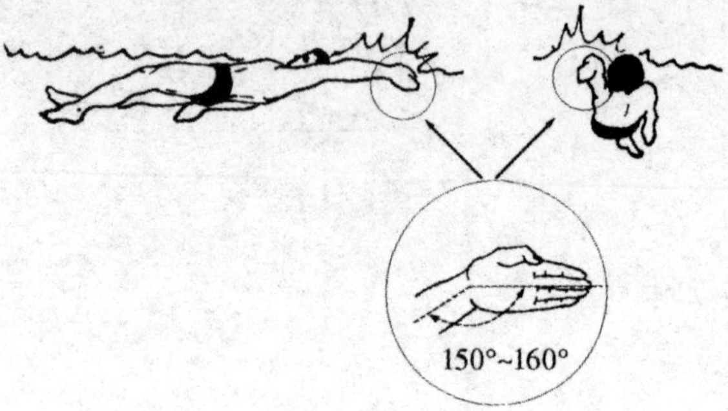

图 8-36

(2)抱水

抱水是为划推水做准备。手臂入水后,利用移臂时所产生的动量向一定的深度积极下滑,手掌向下、向侧方向移动,直至与水对准并感到有压力后停止移动。

(3)划水

以肩为中心划水,屈臂抱水动作是划水的开始,划到大腿外侧下方时结束。

(4)出水

出水时,可手背先出水、大拇指先出水、小拇指先出水。无论采用哪种手形出水,手臂始终要放松,要迅速完成出水动作,出水顺序为大臂—小臂—手。

(5)空中移臂

手臂出水后,手迅速移至肩上方,手掌内旋,掌心外翻。空中移臂时,手臂伸直放松,最后阶段要伸展肩关节(图8-37)。

4. 配合动作

(1)两臂的配合

一臂划水即将结束时,另一臂入水并划水;一臂处于划水中部时，另一臂的移臂动作已完成一半。

图 8-37

(2)臂与呼吸的配合

仰泳中，臂与呼吸的配合是两臂各划 1 次，呼吸 1 次，即划水 2 次，呼吸 1 次。

(3)两腿、两臂和呼吸的配合

仰泳中，一个完整的动作周期内，腿、臂和呼吸的配合是 6∶2∶1，即打水 6 次、划水 2 次、呼吸 1 次。

二、游泳健身注意

(一)运动强度

研究发现，在水中的最大心率比陆地上低 7～12 次/分钟。因此，陆上运动处方被应用到水中游泳时，可从陆地上最大心率或目标心率值中减去 7～12 次，以此来确定在水中游泳时相对应的心率。

(二)运动时间

初练游泳的大学生在水里持续的时间不能太长，一般以游 10～15 分钟为宜。经常进行游泳锻炼的大学生游泳时间可长一些，一般为 30～60 分钟。

(三)其他

(1)尽可能在专门的游泳池内游泳，如果去天然的江河湖泊游泳，要特别注意安全和卫生。

(2)游泳时要运用正确的呼吸方法，用嘴在水上吸气，用鼻子(或用鼻嘴)在水里(或水上)呼气，以免呛水。

(3)注意血压反射，游泳时机体受到冷水刺激，血管急剧收缩会使血压升高，造成心脏工作困难，甚至引起脑出血或中风等意外事故，因此要做好预防工作。

(4)游泳中若出现嘴唇发紫，浑身起鸡皮疙瘩，甚至打寒战的现象，应赶快上岸，擦干身体，晒晒太阳，跑跑步，等身体缓和过来再下水。

第四节　轮滑运动健身指导

一、轮滑健身动作指导

(一)站立

1. 平行站立

两脚平行分开，与肩同宽，脚尖稍内扣，膝部微屈，重心落在两脚之间(图 8-38)。

2."八"字站立

两脚跟靠近，脚尖自然分开，上体稍前倾，双膝自然弯曲，身体重心落在两脚之间。在确保重心平衡后双脚换成平行站立，上体仍前倾，使重心落在两脚之间(图 8-39)。

3."丁"字站立

两脚成"丁"字步站立，前脚跟卡住后脚的脚弓，上体稍前倾，自然屈膝。身体重心落在后脚上。然后两脚交换位置，再呈丁字步站立，直到站稳为止(图 8-40)。

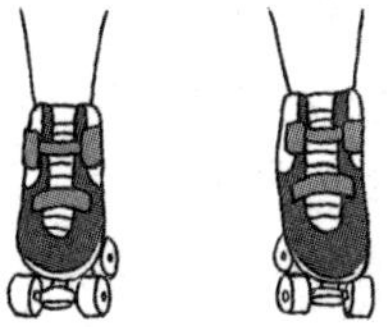

图 8-38

图 8-39

图 8-40

(二)蹬地

以单脚蹬地，双脚向前滑行为例，左脚在前成“丁”字形站立，右脚用内侧轮向身体侧后方蹬地，左脚尖稍向外撇向前滑行，身体重心随之移至左腿上，同时右脚收回成双脚着地，向前滑行。注意双脚滑行阶段应长些，两脚交替进行，两臂自然摆动，肩放松，上体前倾度应比步行时稍大。

(三)滑行

1. 向前滑行

以单脚向前直线滑行为例，两脚“T”字形站立，左脚在前，右脚在后，稍屈膝，用右脚内刃蹬地，重心慢慢移至左腿，右腿蹬直后右脚蹬离地面，成左脚向前沿行。然后右脚收回在左脚侧面落地，左脚蹬地重复上述动作，成右脚单脚向前滑行。两脚交替向前直线滑行，两臂在体侧自然张开，维持平衡(图 8-41)。

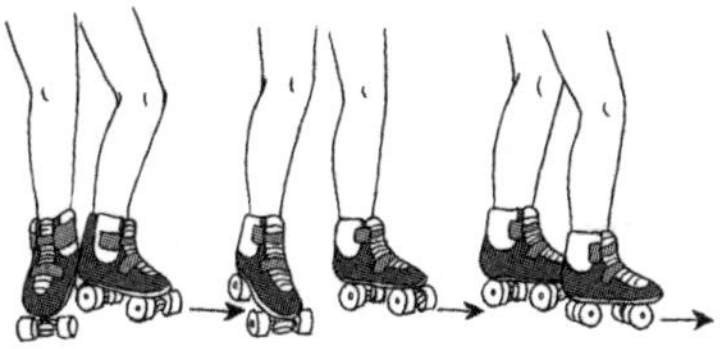

图 8-41

2. 向后滑行

以向后蛇形滑行为例，两脚分开约一脚距离，屈膝，脚尖稍向内转。用右脚内刃向前下方蹬地，重心移向左侧，成左脚向后滑行。右腿伸直，随即右脚置于左脚侧面，回到开始姿势。然后再用左脚蹬地，重心向右侧移，成右脚向后滑行。左腿伸直，随即左脚放在右脚侧面。重复上述动作，连续向后滑行。

(四)停止

1. 内“八”字停止法

前滑行过程中，两脚保持平行站立，然后脚尖向内转，两脚以内侧轮柔和地压紧地面，双腿屈膝，上体稍向前倾并微向下蹲，两臂向前伸展以保持身体平衡，速度逐渐减缓至停止(图 8-42)。

2. “T”形停止法

单脚向前滑行，在浮足与滑行脚的后跟成“T”形后，浮足慢慢放到地面，以内侧轮柔和地压紧地面，速度减缓直到滑行停止(图 8-43)。

图 8-42

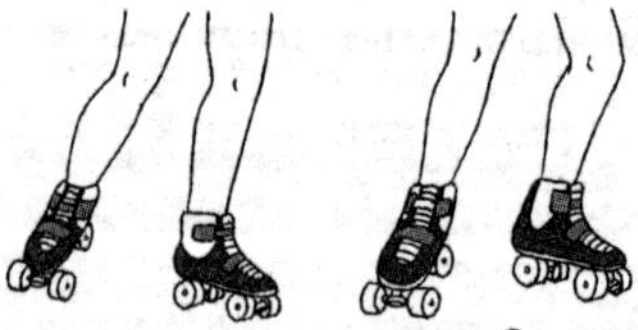

图 8-43

二、轮滑健身注意

(一)运动时间

每周锻炼 3～5 次为宜，每次 30～50 分钟。

（二）其他

（1）练习前，检查轮滑鞋是否紧固，如有松弛及时修理，并且还要检查练习场地，尽可能在固定的轮滑场地上进行。练习时，戴护具。

（2）选择良好的锻炼环境，避免在严寒、酷暑、风暴等恶劣环境下锻炼。

（3）锻炼时，可根据自己的感觉（轻松或吃力）稍微调节运动强度，以锻炼后第二天不感觉疲劳为宜。身体出现不适症状时，暂停锻炼。

（4）锻炼前后应注意适宜补水。

参考文献

[1]卢澎涛.大学生体质健康发展与促进[M].北京:中国农业出版社,2019.

[2]王俪燕,吴恒晔,徐建国.大学生体质健康管理与健康促进指南[M].上海:同济大学出版社,2019.

[3]王鹏.大学生体质之研究[M].哈尔滨:东北林业大学出版社,2007.

[4]刘江南,赵广才.体质健康与科学健身指导[M].广州:华南理工大学出版社,2008.

[5]毛亚杰.大学生健康教育[M].北京:北京理工大学出版社,2014.

[6]章明明,杨铁凡,陶剑飞.大学生生理与心理健康教育[M].北京:科学出版社,2009.

[7]娄亚涛.大学生体质与身体自尊的相关性研究——以上海市三所高校为例[D].南京体育学院,2017.

[8]李莹.关于体质与健康关系的理论与实证研究[J].体育世界(下旬刊),2013(07):16-17.

[9]田茂梅.大学生体质健康调查研究[D].重庆大学,2017.

[10]侯新新.宁夏高校大学生体质健康现状调查与分析[D].西安体育学院,2017.

[11]杨太吉.论体质与健康体适能概念及关系[J].当代体育科技,2018,8(16):178-179.

[12]刘作鹏.烟台市初中生体质健康监控机制研究[D].鲁东大学,2018.

[13]陆湘群.上海大学生体质健康监控机制研究[D].东华大

学,2013.

[14]周伟,陈莉,郭敏刚.我国大学生体质健康监控服务体系的历史演进研究[J].安徽体育科技,2017,38(03):72-75.

[15]闫立新.大学生体质测试指导与测试分析研究[M].北京:科学出版社,2013.

[16]袁尽洲,黄海.体育测量与评价[M].北京:人民体育出版社,2012.

[17]李洁,陈仁伟.人体运动能力检测与评定[M].北京:人民体育出版社,2005.

[18]孙庆祝,郝文亭,洪峰.体育测量与评价[M].北京:高等教育出版社,2010.

[19]王乙涵.对学生体质第三方监测机制的研究[D].吉林体育学院,2017.

[20]朱奥.长株潭地区大学生体质健康现状与预警机制的构建研究[D].湖南科技大学,2014.

[21]郭瑞芳,张铎,石灵芝.学生体质健康第三方监测机制的构建与运行[J].体育世界(学术版),2019(03):134+138.

[22]王乙涵.引入学生体质第三方监测机制的作用与建议[J].当代体育科技,2015,5(26):19-20.

[23]国家学生体质健康标准解读组委会.国家学生体质健康标准解读[M].北京:人民教育出版社,2007.

[24]王崇喜.体育课程与教学改革研究[M].郑州:河南大学出版社,2014.

[25]王家宏.我国公共体育服务体系研究[M].苏州:苏州大学出版社,2016.

[26]戴健等.公共体育服务体系建设[M].上海:上海交通大学出版社,2015.

[27]王健等.健康教育[M].北京:高等教育出版社,2006.

[28]王向阳,程玉兰.健康教育与健康促进基本理论与实践[M].北京:人民卫生出版社,2016.

[29]郎朝春.健康体适能与运动处方[M].北京:北京理工大学出版社,2013.

[30]杨敏丽.羽毛球教学与训练[M].北京:北京体育大学出版社,2012.

[31]于振峰.现代篮球技术学练设计[M].北京:高等教育出版社,2013.

[32]董晓红.运动健身学[M].杭州:浙江大学出版社,2006.

[33]吴国政,胡毅成.球类运动[M].北京:人民体育出版社,2014.

[34]关辉.体育运动处方及应用[M].北京:北京师范大学出版社,2010.

[35]陈文鹤.健身运动处方[M].北京:高等教育出版社,2014.

[36]赵云伟.传统保健体育与养生[M].上海:上海交通大学出版社,2015.

[37]庄谦.普通高校学生二十四式太极拳练习强度分析[J].鸡西大学学报,2011,11(06):147-148.

[38]杨建华.游泳与救生[M].成都:西南交通大学出版社,2013.

[39]胡良玉,王泽刚.健身健美操实用教程[M].北京:北京理工大学出版社,2014.

[40]赵英利.形体健身与健美操[M].哈尔滨:哈尔滨地图出版社,2008.

[41]黄聪敏,赵力刚,宫亮.论大学生健美操运动处方的自我监督[J].科教文汇(上旬刊),2008(01):95.